陕西出版资金精品项目

古长安碑刻说三部曲之

镌刻石头

——渭北一座碑林及其书法

王维亚 著

西北工业大学出版社

图书在版编目（CIP）数据

镌刻石头 / 王维亚著. —西安：西北工业大学出版社，2014.12

（古长安碑刻说三部曲）

ISBN 978-7-5612-4178-3

I. ①镌… II. ①王… III. ①碑林—研究—耀县 IV. ①K928.73

中国版本图书馆CIP数据核字（2014）第272919号

出版发行：西北工业大学出版社

通信地址：西安市友谊西路127号　　邮编：710072

电　　话：（029）88493844　88491757

网　　址：www.nwpup.com

印　　刷：陕西宝石兰印务有限公司

开　　本：787mm×1092mm　1/16

印　　张：12

字　　数：116千字

版　　次：2014年12月第1版　2014年12月第1次印刷

定　　价：39.00元

古长安碑刻说三部曲之

目录

碑刻石头

【一】

—— 渭北　一座碑林及其书法

镌刻石头

——渭北一座碑林及其书法

目录

三

碑刻石头

——渭北一座碑林及其书法

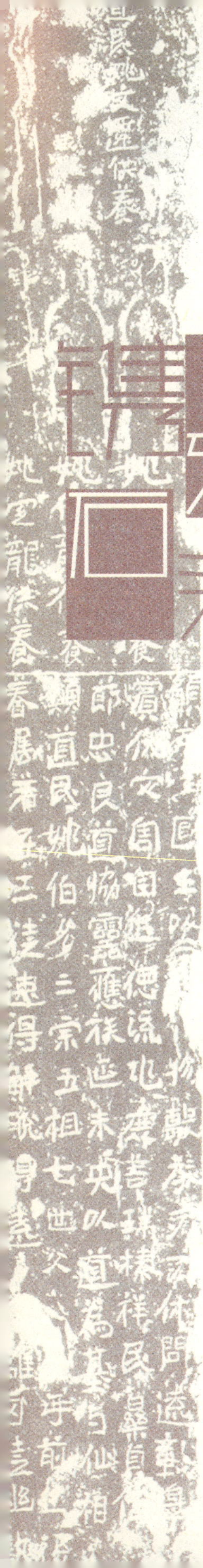

镌刻石头

——渭北 一座碑林及其书法

我想把一座小城，一座小城里的文化宝库搬到你的面前

古城、斗室。

七月的难耐激发着一个人的情绪，袭人的热浪重又鼓起一个长久的愿望。我想把一座小城，一座小城里的文化宝库搬到你的面前——尽管我知道自己学浅力怯，刀迟笔钝。

此时，声名显赫、风光无比的西安碑林就怡然自得在我的西侧，一个十余分钟徒步便可到达的地方。而我想述说的另一座碑林却正清寂在那座小城之东，因了隋唐时期我国伟大的医药学家孙思邈而得名的药王山上，白云朵朵，山风浩荡。这便是耀县碑林，一个因收藏北朝刻石丰富而显得弥足珍贵的地方。

一座美好的小城，也是一座美妙的古城。耀县，位于关中盆地至渭北高原的门槛上，和缓的山丘相依给了她安稳，清澈的沮、漆二河相恋赋予她灵气，清新中一派自然，雍容里透着自信。《续耀州志》载：“耀上古为阴康氏建都之地”。周时，属东豳之地；秦时，属内史地，为京畿之区；西汉景帝二年（公元前155年）始置县，魏晋名泥阳，隋唐谓华原，后多称为耀州，以漆水东岸之宝鉴山光耀县城而得

◎美的宋塔 美的城

名。耀县俗称长安的北大门，凡建都长安的历代帝王均视其为重镇要辖。秦直道从县境纵贯而过，东汉石门关、金锁关遗痕犹在，薛刚反唐的发轫之地薛家山寨林木葱茏，曾在陕西山区最早飘扬过“兴汉灭满，光复中华”大旗的庙湾小镇古风犹存。

而用地灵人杰这个词来赞颂这座小城，我认为再合适不过。傅玄、孙思邈、令狐德棻、柳公权、范宽，一个个都是中国历史上不凡的人物。离开了这些名字，中国文化史将很

天门峻　药王山秀

难链接起来。但你若知道他们均出自这座小城，你一定会为之惊叹。还不仅如此，这么些大人物的生成又怎么能是孤立的呢？其中傅氏、令狐氏、柳氏家族则都是数代数十人出将入相，浮沉宦海。即就明清时录入国史及地方史志者，也有百余人。

在那些并不遥远的年代，春之时节，每每驱车自西安城北返，车窗外连续不断地闪过一望无际的碧绿麦田。继而，那道突兀的山岗便横亘在眼前，层层的油菜花是多么明亮啊，它瞬间打开了我的心房。“进可取泾原，退可入北

◎古牌坊昭示着小城沧桑之美

山”，这北山里真能藏住人，也是能聚住气的。再想我那一马平川，倒是坦阔辽远的中原故乡，一种别样的滋味会油然生出。我是蛮愿意在这座小城里濡染浸淫，沾些仙气的。“虽不能至，心向往之”啊！

“真人老眉久不开，青烟袅袅起高台。通元桥上多驻足，林中小径几徘徊。”这首旧作很浅，原谅我还可能有些另类的意味。但对过往的生活有想法，对这座小城有喜爱，哪怕是点滴，哪怕是些许，都是一种真实的生活记录，都是一种真诚的情感表达。借以把它录在这里，可以说是行文的需要，但更是我情感的深情回望。没有惆怅，没有忧伤，今天是昨天的继续，昨天是今天的支撑，一切新鲜如初。

我自见过了小河的这种情形，便懂得了什么叫山洪

漆、沮两条小河由北而南并行穿城而过。平素两股清流轻灵明快叮咚作响，不知停息地流着，显得那样委婉深情。其实，它偶尔也会表现出强劲乖戾的一面，这便是狂风大作，暴雨不停时，小河顷刻间便浊浪滚滚，涛声震天。我自见过了这种情形，便懂得了什么叫山洪。

清末，光绪年间的某一日，来势凶猛的大水一下子涌倒了小城东南角的一座寺庙。涛声远去，寺庙遗址上显露出两块千佛碑及其他造像碑。小城的人们没有发生哄抢，也没有置之不理，而是把这些碑石整理出来自觉地交给了官府。清末民初北碑书法方兴未艾，文人学士、当地乡贤及有识之士

◎孙思邈当初植下的是一株幼苗 而今人们把它当做药王的化身

对这批碑石相当重视。20世纪20年代初，县民团团长雷天一命人在县城周围广搜碑石，在县城内辟地专置，集中保护，并名之曰“耀县碑林”。这批碑石的影响随之渐增，引得许多碑帖商人慕名而来，争相捶拓。

1934年12月22日的《西京日报》还专门介绍了这批刻石。此时的碑石计有六十三通。而后又广泛搜求征集，迄今已逾百通，而馆址也在三十余年前移至城东的药王山上。加之山上原有的历代碑石，存量已达三百余通。现在的展室是20世纪80年代由专家设计，为“回”字形仿明、清廊式建筑。

这批移至山上的碑石绝大多数为北朝实物。这里是北朝造像碑国内收藏最多之地，其中佛、道融合的这种特殊意义的碑子除此地之外，它处为数寥寥。《中国百科全书》中记载：“佛、道造像合雕多见于陕西耀县。”这

药王山碑林就掩映在苍松翠柏之间

批佛、道融合的造像碑，尤以北魏的刻石最为精彩，年代最早，数量也最多。这些碑石对研究我国的宗教史、北方少数民族史、地方史等提供了非常珍贵的史料，已受到不少专家、学者的关注和厚爱，在各方面已取得了令人瞩目的研究成果，进而扩大了这些碑石的影响。考古学家石璋如先生1943年春到耀县考碑，十年后在台北发表了《陕西省耀县碑林与石窟》，在海内外产生了一定的影响。陕西考古研究所的几位专家，多年来致力于耀县碑林的研究，成绩颇著。而我想为它写点儿文字，主要是看重其书法艺术的价值。其他方面的考据及研究，我也不具其能力。

但我总能隐隐约约地感觉到，这是一个忽然会在某一天震惊宗教界、历史研究

◎碑林就掩映在药王山的苍松翠柏之间

界，更足以震惊文字研究界及书法界的地方。可即就书法意义而言，不能不承认，许多书家、书论家及书法爱好者，对它的认识不足或根本没有认识，这无疑与对它的宣传不够有关。尽管多年以来，有关方面在不断地向社会介绍它，而这些碑石也已受到不少文化名士的喜爱，对它们的艺术价值和作用都给予肯定，但力度显然还不够大，有的宣传甚至出现误差。如《姚伯多兄弟造像碑》，20世纪90年代初荣宝斋出版的《北魏造像精选》中选中其右侧文字，但标注的出处却是“该碑现藏西安碑林”。20世纪90年代后期上海某出版社出版的一套字帖中，也选中了该碑，所注出处仍是西安碑林。

也许，他们是就地域大文化而言的。

这里生长出一片碑石的森林是很自然的事情

在一般的魏碑造像书法中，佛家造像记可谓司空见惯，而道教造像碑就比较鲜见，佛、道融合的造像碑则更是少之又少。

现存的造像碑大多发现于北方地区的黄河沿岸，陕西关中的渭河两岸是遗存造像碑最多的地区，约有近三百通。其中，耀县碑林收存有百余，佛、道融合造像碑就有近五十通，占全国目前已知同类碑石的百分之八十以上，而且又大都集中在北朝时期，年代极为久远。

泱泱大中华的历史，是各个兄弟民族相互融合、同存同荣、共同发展的历史。中华民族的文化是根植华夏、不断借鉴、善于吸纳、根深叶茂的文化。多民族共和的现实大国也包容着多种宗教的共同生长，构成中华民族丰富的精神世界。入世的儒家勾勒着以伦理为核心的理想世界，出世的佛家以东方超现实的理念，在做着拯救现实世界的不懈努力。道家“去欲守静”，导引着众生向往着得道成仙的境地。儒、释、道三教已广泛地渗透到我们现实生活的方方面面，以至于我们今人的思想行为都有着它们浓重的影响，尽管我们是不自觉的，也很少意识到。

美好的理想是诱人的，实现理想是要付出努力的。于

◎耀县碑林主展室

◎耀县碑林一角

是，“白马驮经”进入中土后，佛家信徒开始造了佛像，沿丝绸古道自西而东。先是在山崖上造，而后又找到了中国已有的文化形式——碑，又在碑子上造。制碑子要比开山凿石、在摩崖上造像省事多了，也省钱啊，供奉膜拜也方便。道家原是不刻石的，但为什么也学着佛家造起像来了，而且还和佛家的佛们和谐于一石？这类碑子又为什么多见于陕西的耀县碑林呢？

东汉末年，秦岭之南巴山之北的五斗米道教教主张鲁降了曹，随之北迁，而大批的五斗米道教信徒也追随而至，蜂拥关中，道教在这个地区便开张了。一开始，它的势力肯定是很弱小的，为了站住脚，逐步扩张自己的势力，同时，也是看到佛教精整的造像碑那么便于信徒崇奉，便也开始模仿起来，用铁锤、石铲把自己的老君或天尊刊在石上，敬在龛中。为了达到和佛教相抗衡的目的，他们是费了心思的。他们可能是先打着大家都是阶级兄弟的旗号，讨得了佛家信徒

◎耀县碑林一角

◎耀县碑林一角

◎耀县碑林一角

们的欢心，于是，佛、道同存一石，甚至同龛。例如，《魏文郎造像碑》就是如此，十分友好，十分亲密。在张鲁北迁的人群中，有许多的豪门望族，此后的岁月里，这些不一般的道教信徒们还得到了皇室的优宠，这个时候，他们便单干了。寇谦之不失时机的改革，楼观道派的强壮，风行的道教在关中地区洋洋得意。甚至，由于他们的能量，直接促成了太平真君七年（公元446年）的太武帝老儿动怒，差点儿把佛教置于死地。那个时候，佛、道两家在这个统治阶层控制的地域很是热闹，一会儿好得不得了，一会儿恼得不得了。这种道教依附于佛教，两教共处，继而相互制约以致争斗的复杂历史，衍生出来的碑子当然多。所以，别的地方为什么极少发现此类的佛、道融合造像碑，大概就是“五里不同俗，十里改规距”吧。我又忽然想起了亲友圈中一位虔诚的佛教徒，有一次我们闲聊，她发出了伟大的议论：“不论是佛教、道教，还是其他宗教，它们是一只手上的五个指头，都是教人向善呢。”经典！这不是论及宗教关系的最终议论，也应该是最佳议论。

还有，耀县城东的宝鉴山上所特有的磬玉石也为制碑提供了上等材料。这种石击之能发出清纯之音，唐白居易曾吟咏：“华原磬与泗滨石，清浊两声谁得知。”真的是，有悠久的历史、灿烂的文化，这里生长出一片碑石的森林，是很自然的事情。

他们开启自己的智慧，发动起了中国式的想象

开山筑龛，裁石筑龛，在崖上，在碑上，敬请自己的佛、自己的神和仙，这些王室，这些豪族，以及操着不同口音、林林总总的能工巧匠们有谁有幸见过佛们的模样，见过老君天尊的模样？他们开启自己的智慧，发动起了中国式的想象。

于是，弥勒佛肚子便出奇地大了，嘴巴惊人地阔了，永远那么超脱而又世俗地开心着，“大肚能容，容天下难容之事；开口便笑，笑世间可笑之人”。人间的纷争，世事的纷扰，有什么大不了的，有什么过不去的？佛两侧的金刚也怒目了，有这么威猛的神力，何愁妖魔不除？何愁社会不能公

正？妇女们是温和善良的，所以，慈悲为怀的佛像和菩萨造像多以她们为依托。洛阳龙门的大佛形象气质俱佳，实际上，那就是仿则天武周而雕造的啊。女皇上好看不好看。你都不敢把她造得不好看，好看了好，好看了谁都愿意看，当然包括信徒。道教的造像就更不用说了，土生土长的中国人，像耀县碑林的道家造像，服饰打扮直接就是当时上层文人士大夫的装束。

写到这里，我想起了一个胸怀大志的朋友，整日寻思着上管天，下管地，中间管空气，可绞尽脑汁、挖空心思，到头来也才弄到了个芝麻大的丁点儿官。一次，三杯酒下肚，面红耳热之际整出了几句让我思想了许久的话。他说："我要掌了权，就把宗教真放开，彻底实行宗教自由。"我知道他的意思，有宗教信仰，可以抚慰人心，可以安妥灵魂，有助于社会的教化。实际上，历史上的许多朝代，譬如唐朝，就是把宗教作为调和社会矛盾的一个社会职能和机制的，效果很好。李唐江山三百年啊！

在山崖上造的佛，那是费再大的气力也搬不动的，原本就没打算搬。而这些镌刻有佛、道造像的石碑，告竣之后就可以立在村口、立在道旁、立在寺庙内，供僧人信徒供奉、顶礼膜拜了。当然，造像为其碑石的主要内容，也是刻石的主要目的。但请了佛，请了神，请了仙，这心情激动啊，一高兴就开始往石上刻字，当然，也不仅仅是高兴才往上刻字的。他们在造像旁边刻上造像的缘由、供奉者的姓氏等内容，这便是造像记。造像记多半出自民间石工信手的自撰自

◎耀县碑林一角

◎耀县碑林一角

刻，简单随意，故而文词通俗粗浅，甚至有漏刻缺笔等现象。此类刻制大都如此，即便是洛阳《龙门二十品》也概莫能外。甚至可以说，造像记是造像时附加的、次要的一道工序，是纯粹从实用立场上进行的书法活动，而且也是极为放松的率意而为。因此，这些刻字最能直接地反映出北方民族，尤其是北朝游牧民族雄强豪放、朴实淳厚的审美趣味。

说来也是有些意思，昔日的这些无甚社会地位、文化又被认为不多的刻工们，原是凭着性情而进行的刻写，竟被后人们奉为至宝，为平日自视清高的文人雅士们朝临之，夕摹之，这简直有些讽刺的意味了。但无论如何，这些刻字已成为中国书法艺术的上上品，成为我们民族智慧、民族创造的一个重要组成部分。

我曾多年生活在这片丰茂的碑林之侧

有幸得很，我曾多年生活在这片丰茂的碑林之侧，这些碑石沉静在我的身旁，更鲜活在我的心里，以至陪伴我度过了整个青年时代。时至今日，我早已进入了古城长安的喧嚣与烦恼中，但我常常觉得它们须臾不曾离开过我。它们的精神、品质，以及那日夜散发着的古老而又新鲜的气息，已深深地融化在我的生命中……

我的确不能忘记，也不会忘记多年来它们所给予我的滋养与恩惠。我不但直接从碑石文字的书写中获得诸多教益，更从它们昭示的意义中不断接纳，从而铺展为一种生命的底气。那种坚实支撑着我实实在在地走到了今天，而

◎北魏《姚伯多兄弟造像碑》

◎北周《张僧妙法师碑》

在今后的岁月里，它们仍将是我生活的拥有，让我有希望，也有信心。

我多少次独自徜徉在那片碑石间，感叹着它们坎坷不平的命运。它们历经了一千好几百年的风霜，走到今天。无论圭、梯、方柱及长方等形状，还是那愣头倔脑的模样，都分泌透出一种朴实稚拙，更有一种坚忍不拔。忽而我会想到，它们一如这块土地上人们的执着坚强。

其实，在它们身边所待的那些长长的日子里，颜一家就让我断断续续地写了七八年，并没有认真

◎北魏《仇臣生造像碑》

地去写它们，这也与我那个阶段对写字的认识有关。它们那粗头乱服不履不衫的面目，与寻常所见到的字距离太遥远了，也实在难从其中寻出规律来。但它毕竟是字，是遥远的字，是先人们用心费力刻在石头上才得以存留到今天的字。它的用笔，它的点画、结字，仍与我们见惯了的字有多么紧密的联系啊！因此，我喜欢。

及至写完了晋唐，我也曾努力尝试在诸大家之间融会贯通，但效果很不理想，那种规整有序的程式化的书写，也不合我的心性，几年的徘徊让我非常苦闷。一个偶然的机缘，《姚伯多兄弟造像碑》让我眼前一亮，几

◎北魏《魏文朗造像碑》

天的读写便有彻底得道之感，“面朝大海，春暖花开”。于是，我让我的功夫字顺着汉魏的路子走到了今天。当然，没有晋唐的底子，汉魏尤其是耀县碑林这多变的魏，是不会给我这么多书写的快乐、充实和幸福的。

“万里云山万卷情，惊心龙蛇过匆匆。梦中楼兰脱手得，只见风神不见形。”有读写，挺好。找到了可心的读写，日子绝对能过。

这些民间圣手
或许更能接近艺术的本质

还是在20世纪的90年代初，我在耀县碑林与陕西考古所的一位金石考古专家曾就这些北碑有过一次对话，其中一个话题，便是这些碑子的风格问题。她认为，这个地方的北碑较之于《龙门二十品》之类，总体的特点是比较土气。对此，我表示了不同的看法。

北朝书法，总体上由隶书衍生而来，而外徙内迁的民族融合，为平和宽绰的旧有书体注入了谨严挺拔和粗糙生辣的成分，改变了如南朝书法那样的发展流向，呈现出了新面目和新特点。大量的碑刻、墓志、造像、摩崖之类的遗存，尽管地域、刻工等方面有所不同，但总体上，这个时期的书法还呈现出了大体的一致性。康有为曾将这些风格和特点之美归纳了十点：魅力雄强，气象浑穆，笔法跳跃，点画峻厚，意态奇逸，精神飞动，兴趣酣足，骨法洞达，结构天成，血肉丰美。康有为没有见到过耀县的这批碑石，他就是以《龙门二十品》为代表的魏碑而言的。但他毕竟是大家，他知魏碑的存世量很多，因此他还说，“魏碑无不佳者，虽穷乡儿女造像，而骨血峻宕拙厚中皆有异态，字亦紧密非常”。

我们说，耀县北朝碑石的书法，既有魏碑的一般特点，同时，又个性独具，它应当是北朝书法的集粹之一，是北魏

◎北周《绛阿鲁造像碑》

◎北魏《张安世造像碑》

◎北魏《郭鲁胜造像碑》

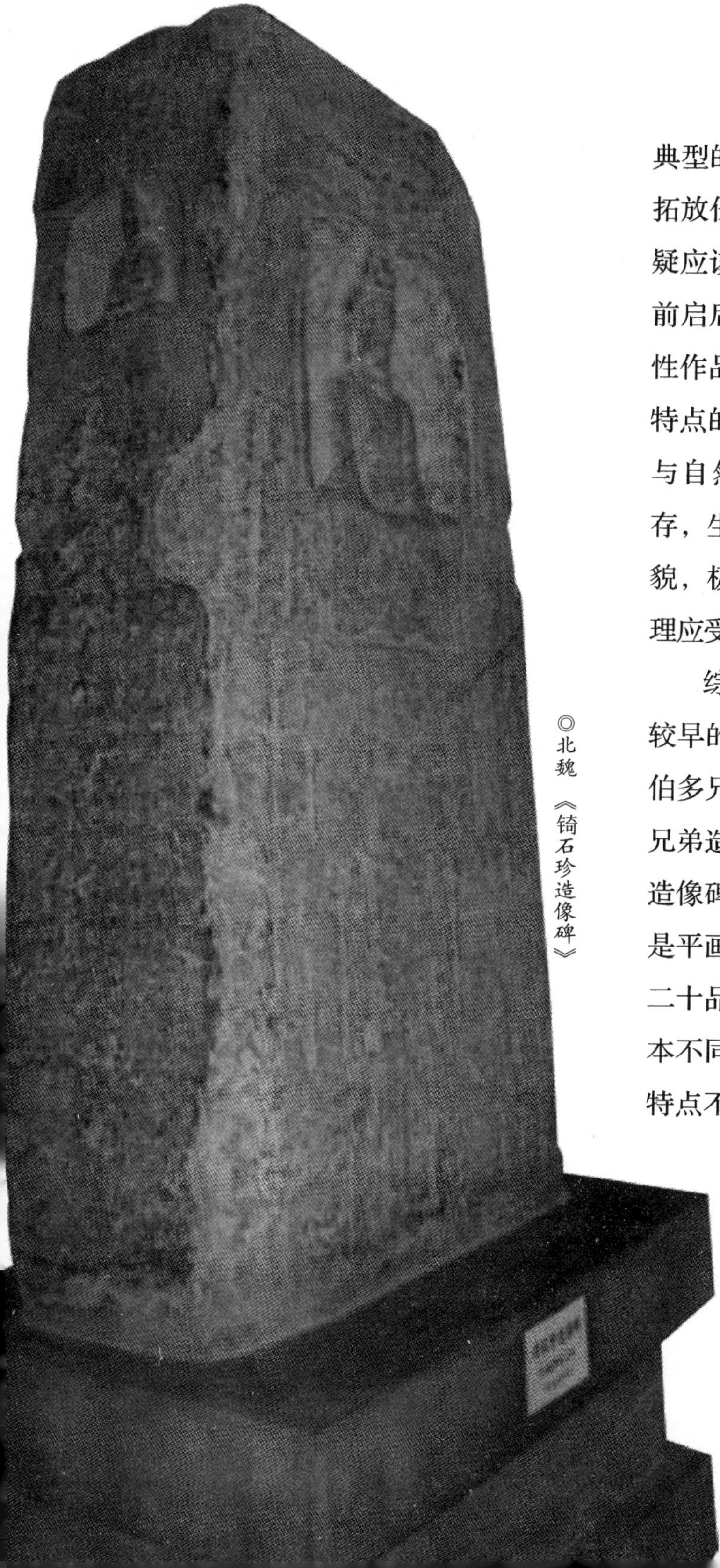

◎北魏《锜石珍造像碑》

典型的代表。它以平画宽结展拓放任为主要的结构特点，无疑应该是中国书法史上一个承前启后、继往创新阶段的代表性作品。在较好地表现了这些特点的同时，所呈现出的拙朴与自然相杂，雄强和灵动共存，生辣同柔媚兼具的地域风貌，极大地丰富了魏碑书法，理应受到人们的珍视。

综观耀县碑林的碑石，从较早的《魏文朗造像碑》《姚伯多兄弟造像碑》，到《吴树兄弟造像碑》《邑子七十六人造像碑》，总体结构特点，就是平画宽结，这一点与《龙门二十品》的书法结构特点有根本不同。魏碑遗存很多，结字特点不外乎两类：平画宽结和斜画紧结。而《龙门二十品》中的《始平公造像》《一弗为亡夫张元祖造像记》《尉迟造像记》等，则皆为斜画紧结。斜画紧结与平画宽结两种结构特点所带来的风格特点显然会有所区别。一般而言，平画宽结之法，则字有端正疏朗、纯厚优雅、简朴超逸之美。耀县碑林的北碑中，集中地表现出了这一结字特点，这在魏碑中是很可贵的，这一结字特点，也体现了这一地域的书法与熟练的隶书难舍难分的情状。

因此，我相信你见到了耀县碑林的这批魏碑书法，一定会对它产生深深的喜爱之情。它们的方圆互用，雅逸成趣，它们的一任自然，随势赋形，它们的古朴庄重，雄浑刚健，它们的柔中寓刚，平和秀美，一如那座春日的药王山绿草茂盛，鲜花烂漫，洋溢着无尽的芬芳。

我相信这样一个道理了：魏碑的发展格局本身就说明了不应该有正宗可言，各种风格的美不能相互替代，只能是相互依存、互为补充。《龙门二十品》为皇家造像，又加之清中叶以后的魏碑复兴的推波助澜，先入为主而又影响一再。如果你硬要将耀县的这批魏碑言之为民间书写，那么，我只能说，这些民间圣手处江湖之远，或许比庙堂之近，更能接近艺术的本质。同时，与飘逸的隶书结缘，注定也古雅之至。

一层颜色
便证明了自身的价值

进入耀县碑林，一般人都能看出来《姚伯多兄弟造像碑》的贵重。不单是它居在主展室一排正中的位置，而且它通身被拓打得乌黑发亮，较之于其他碑子，它这一层颜色便证明了自身的价值。

人们的判断一点儿不错。与长安古城里那座碑林不同，那里的碑子稍有价值的，便被钢筋铁骨架着，大块玻璃罩着，砰砰的拓团下，是几块宋人的复制碑，而此处碑林哪通碑子早，哪通价值高，便常拓不止。当然，拓与不拓不是这个小小的博物馆的人能说了算的。有时，他们可能还要以拓片为筹码，向上换些银两来补充单位经费的不足呢。这一现

◎北魏《姚伯多兄弟造像碑》碑阳文字部分

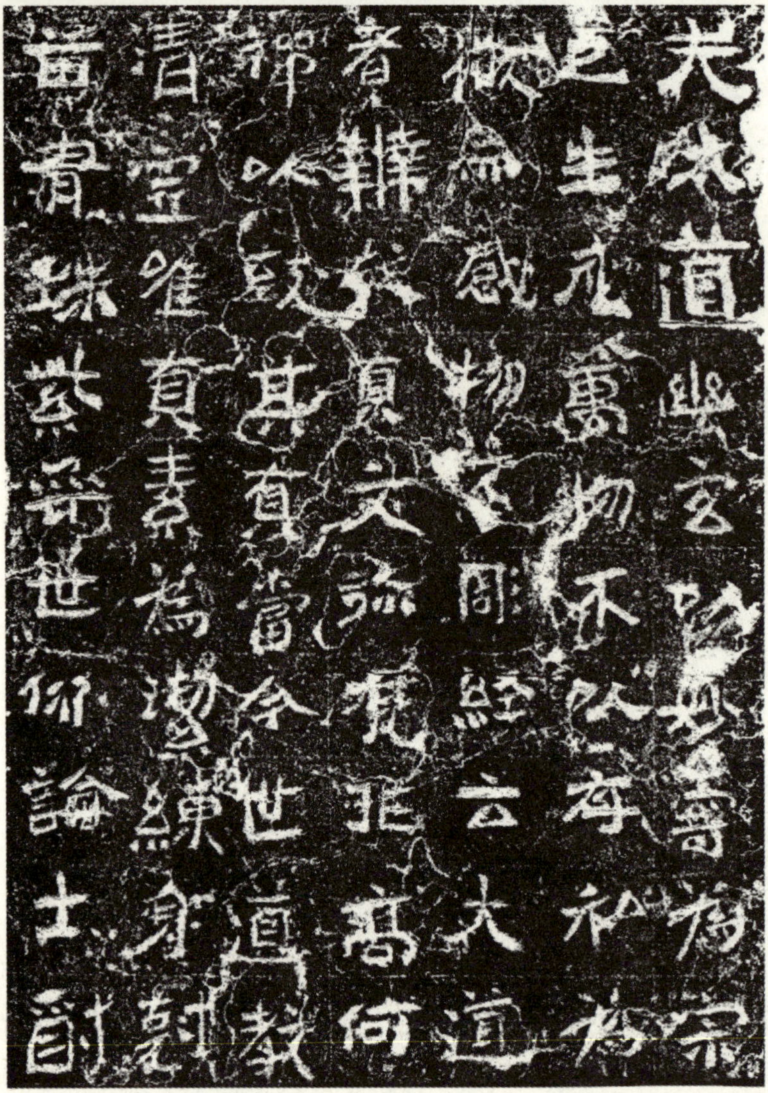

◎北魏 《姚伯多兄弟造像碑》碑阳局部

实状况，也在一定程度上反映出了该碑林生存的艰难。当然，不久前这块碑连同该碑林的另外几块有价值的碑子，也被玻璃框架罩上了，无论如何，这都是一件好事情。

《姚伯多兄弟造像碑》的确是该碑林一通价值很高的碑子，于右任先生20世纪20年代即对该碑赞赏有加，将其称为魏碑三绝之一。1965年，陕西拓片首次在日本展览时，著名史学家武伯纶先生特意将它选中并获得了较高的声誉。近年来，各地出版社有多种版本印行，当地普通民众也知其大名。

这是一通道教造像碑。魏孝文帝太和二十年（公元496年）所刻，碑高140厘米，宽70厘米，厚30厘米。供养人姚氏兄弟为内迁的羌族，其部族曾以渭北这一带为基，杀苻坚，取长安，建立后秦，姚伯多此时为部族道教的首领。该碑四面皆刻有文字，计有1200余字，字数之多在造像碑中是比较少见的。其书法堪称魏碑之奇珍，刻写不拘成法，从心所欲，信手而成。字型修短欹正不一，笔画方圆中侧互见，稚拙而富于天趣。从结字特点上看，它楷而隶，极有意味，也可以说，它比较充分地表现了书体的过渡。

细察其碑面，原是有格的。但刻工似富有饱满的创作情绪，刀下轻重有致，起落跌宕，使得字形大小错落，纵横有变，并无在意界格之存在，而使得这些铭文浑然一体，浓重的刻写情趣，也使该碑文字获得了一种章法美。点画粗看上去横平竖直，但转折与起收笔都有所加重，那种起收时的多用方，而行间多用圆，使我们从中既可窥出隶书的韵致，又觉得它魏碑的特点非常鲜明。那一派的宽绰平和中，似有《嵩高灵庙碑》的映

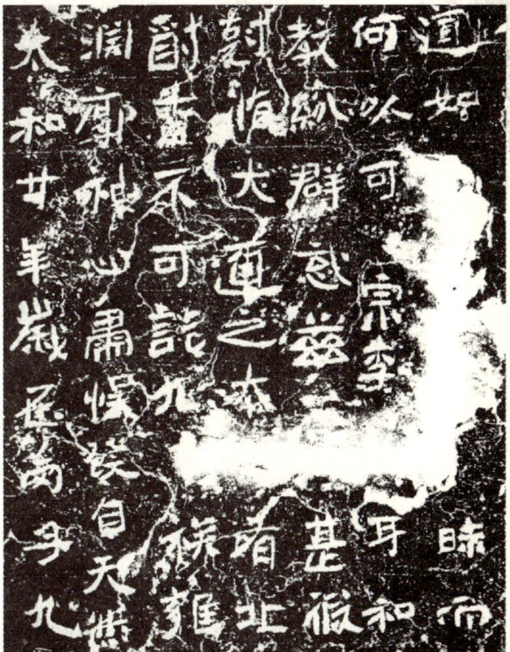

◎北魏《姚伯多兄弟造像碑》碑阳局部

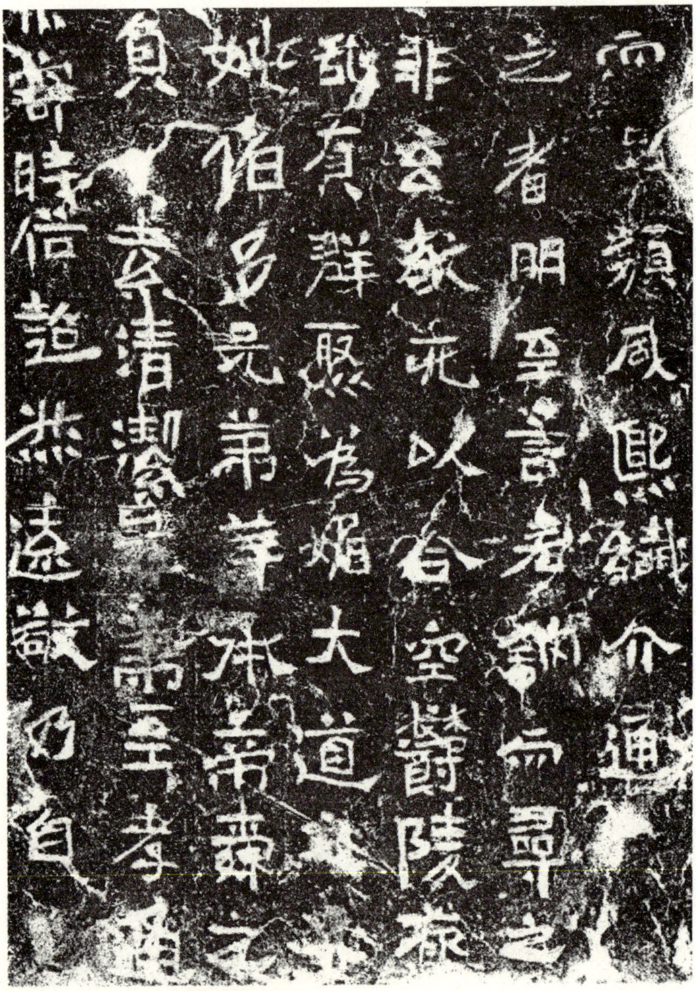

◎北魏 《姚伯多兄弟造像碑》碑阳局部

象，但较之《嵩高灵庙碑》灵动。又同为一个时期平画宽结的书写，《姚伯多兄弟造像碑》那种不拘一格的浓墨重彩，较之南碑的《二爨》，更有温婉的意趣，更为淳厚隽永。

坚强稚拙的魏碑刻写中，能察觉出较为放纵的流动是不易的。碑石的功能也大多给人提出的要求是庄严与神圣，因而工稳与严整是常见的制作。但进入《姚》碑的文字，你总能感觉到一种行韵乃至草意。这则是结字总体风格的宽博平整下，又有不同的变化所致。那种似斜反正，重心高低不

◎北魏 《姚伯多兄弟造像碑》碑阳局部

一，聚散自由自在的处理随处可见，因而有跌宕，有节奏，抒情的韵律非常之美。而在这种工整不失生动、草率亦神气完足的书写中，这通去汉不远的北朝早期造像，处处流露出了拙朴自然、平实纯厚的汉人之气。

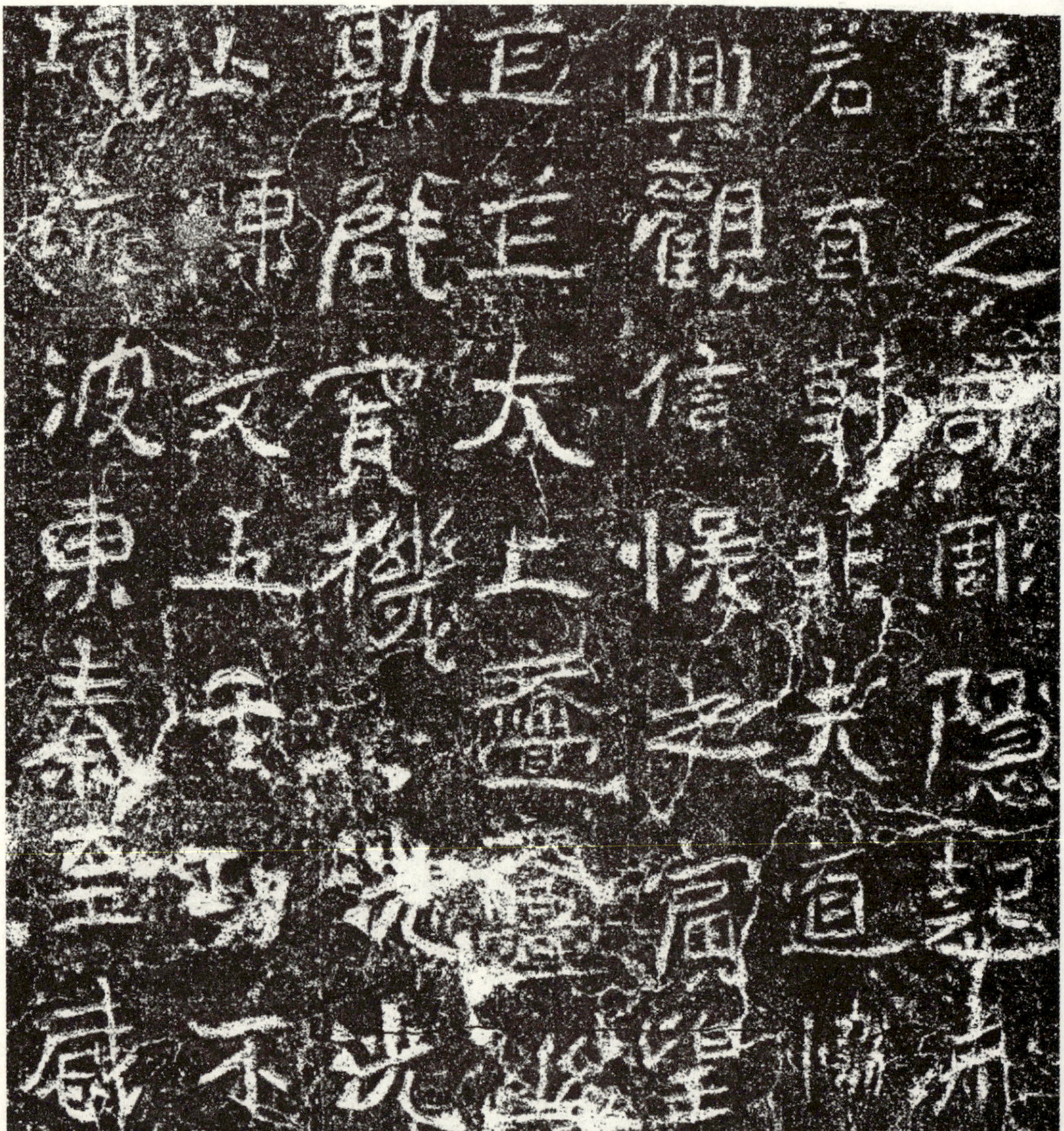

◎北魏 《姚伯多兄弟造像碑》碑阳局部

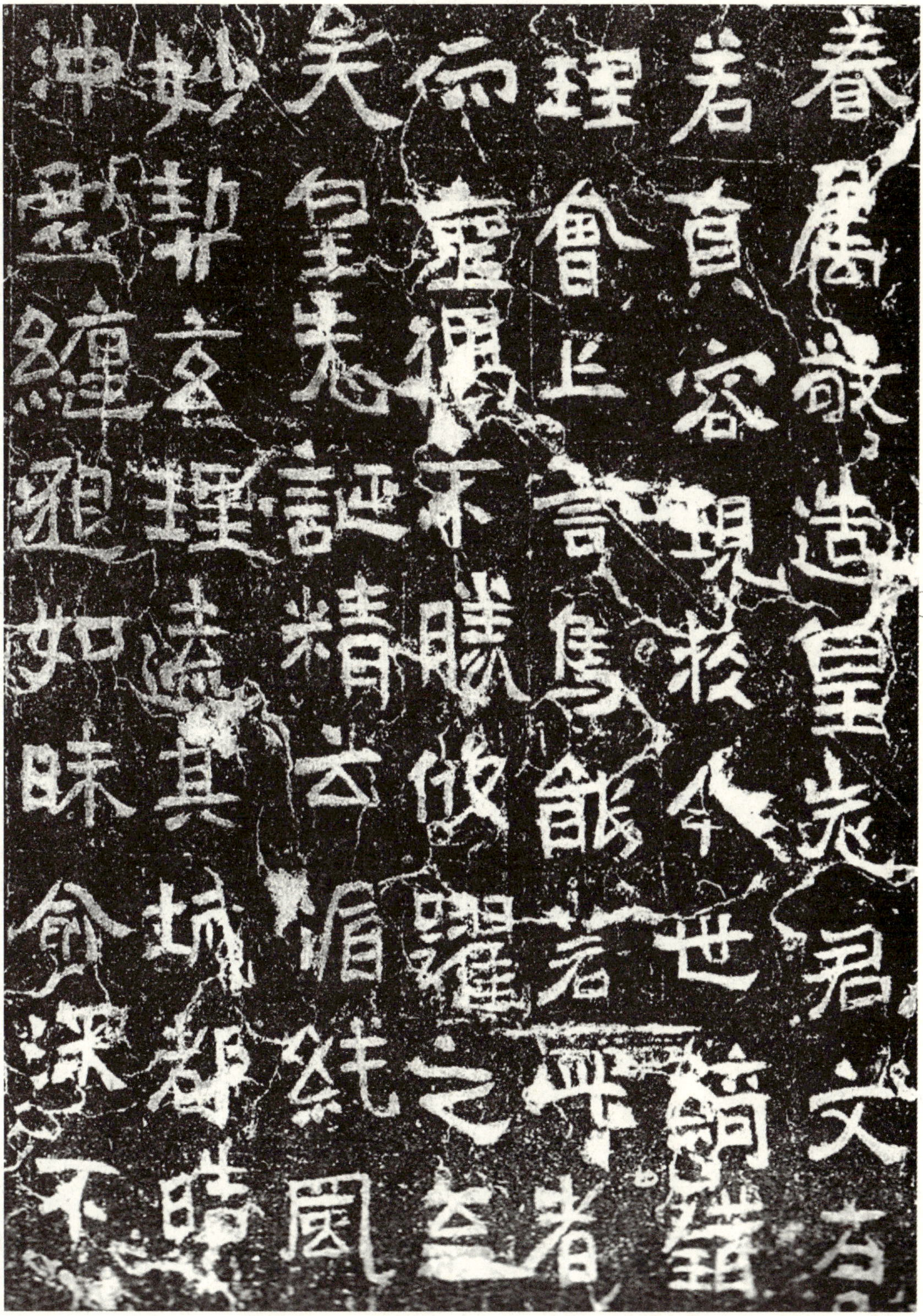

◎北魏 《姚伯多兄弟造像碑》碑阳局部

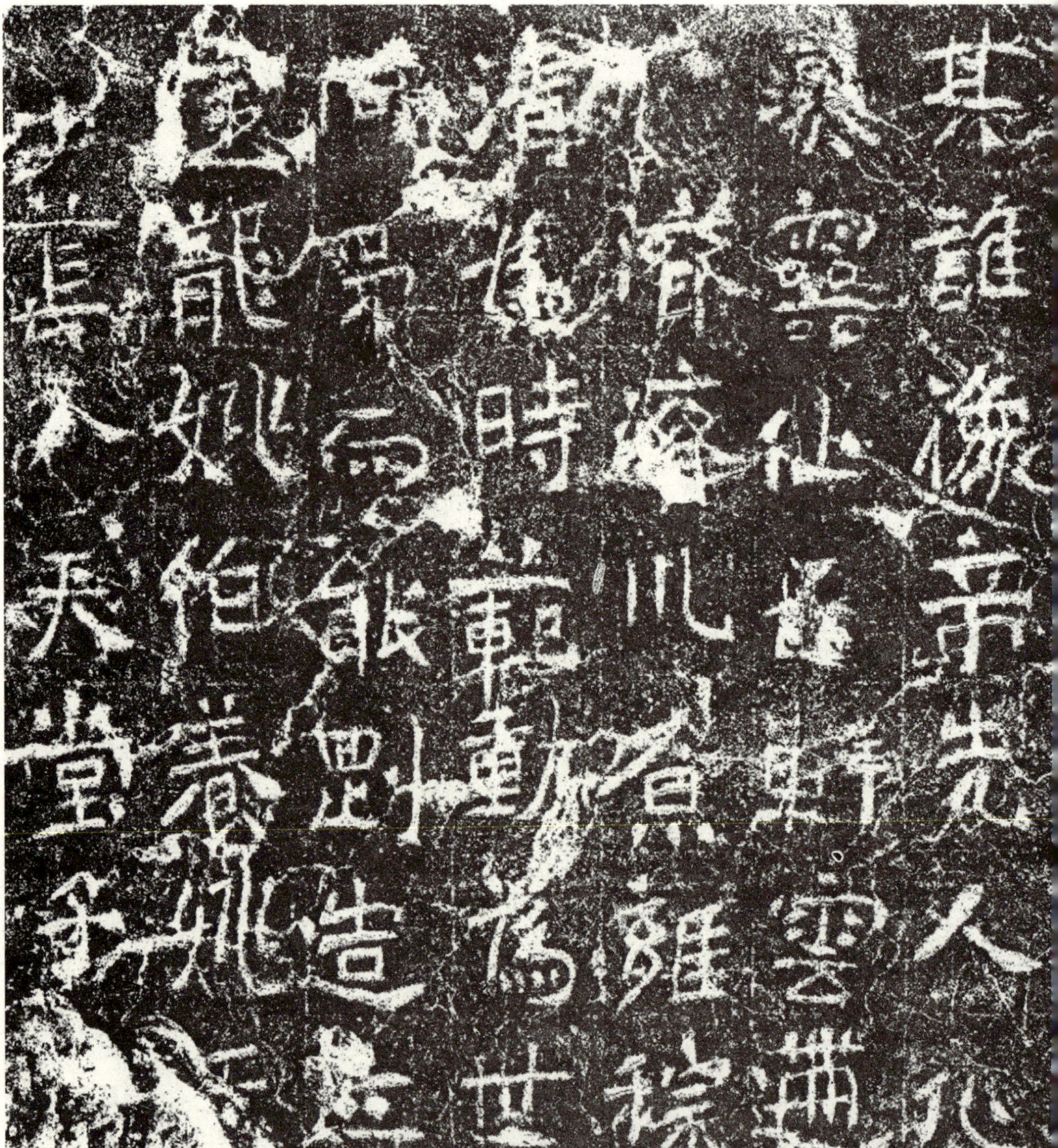

◎北魏 《姚伯多兄弟造像碑》碑阳局部

◎北魏 《姚伯多兄弟造像碑》碑阳局部

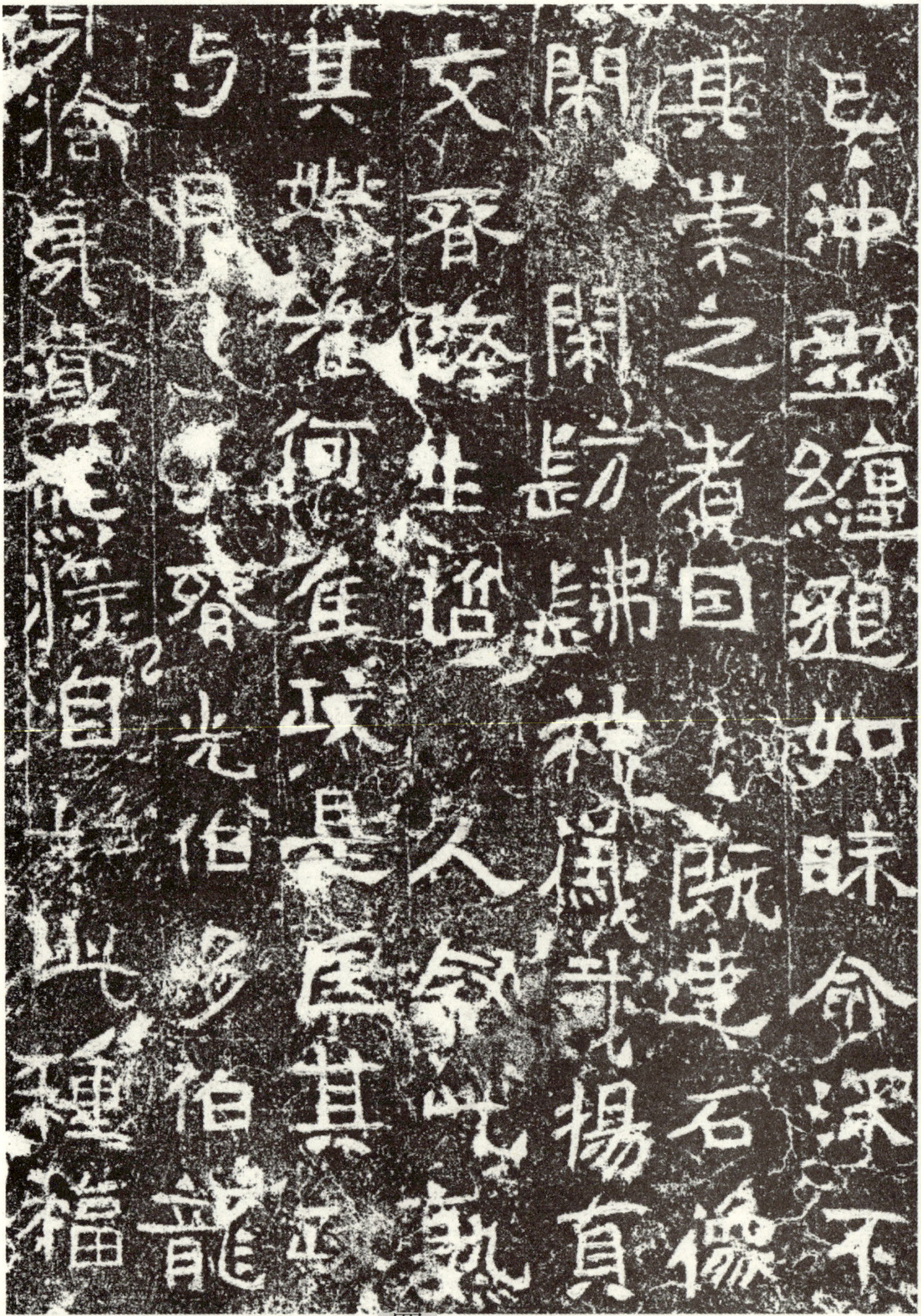

◎北魏 《姚伯多兄弟造像碑》碑阳局部

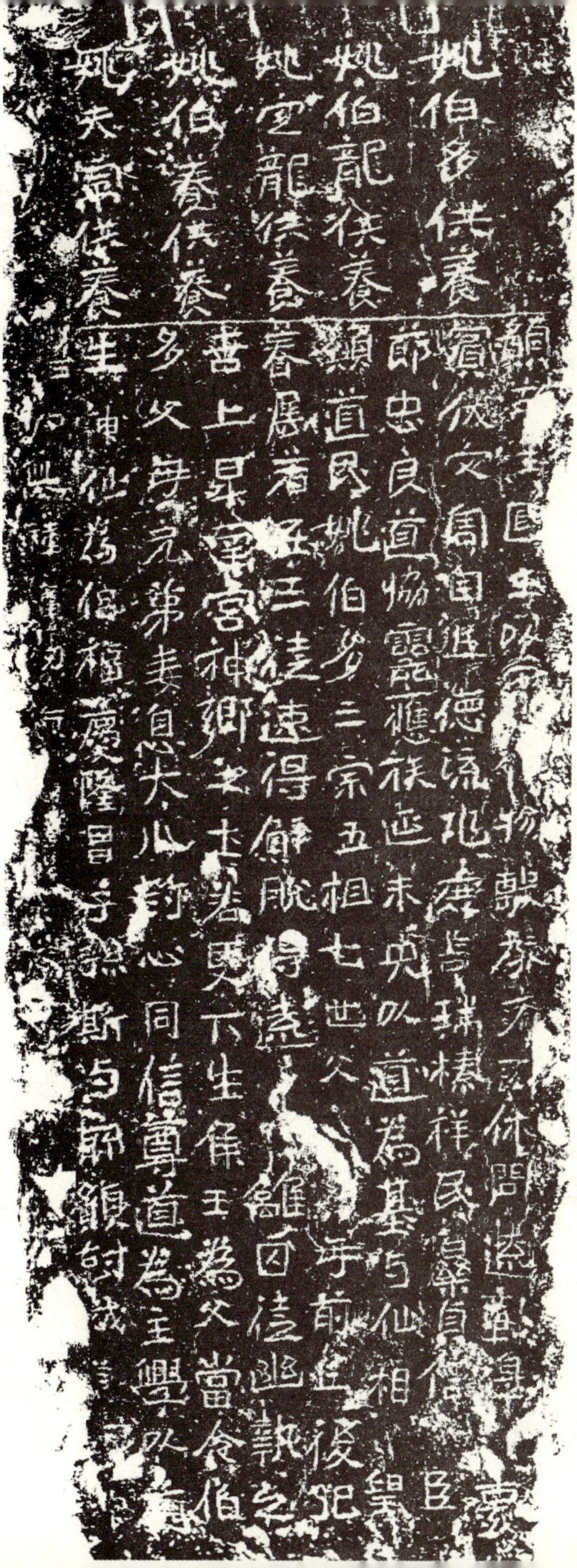

◎北魏《姚伯多兄弟造像碑》左侧文字部分

◎北魏 《姚伯多兄弟造像碑》左侧局部

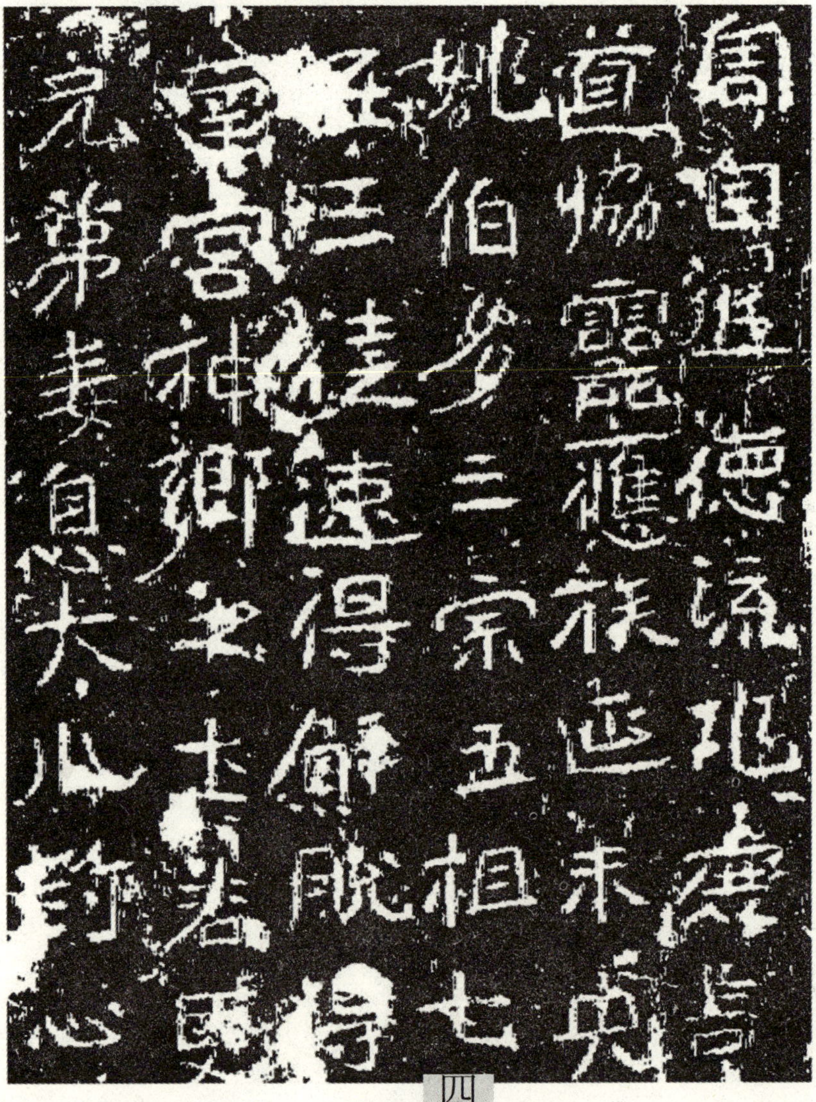

◎北魏 《姚伯多兄弟造像碑》左侧局部

◎北魏 《姚伯多兄弟造像碑》左侧局部

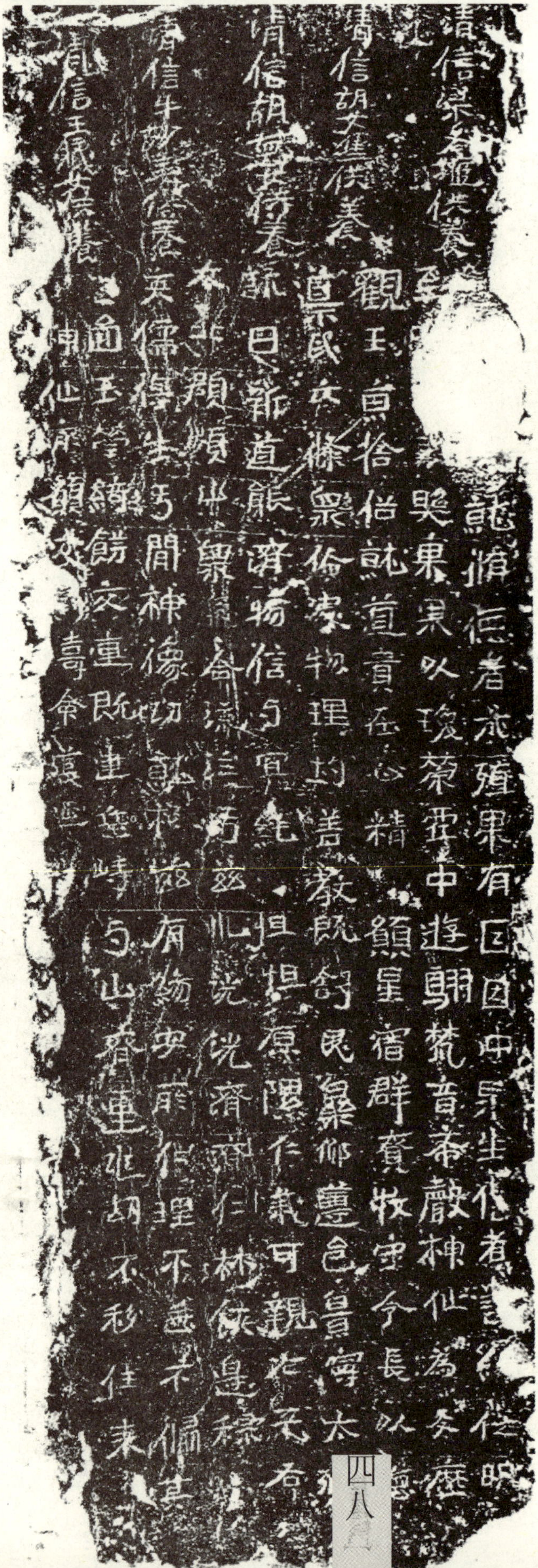

◎北魏《姚伯多兄弟造像碑》右侧文字部分

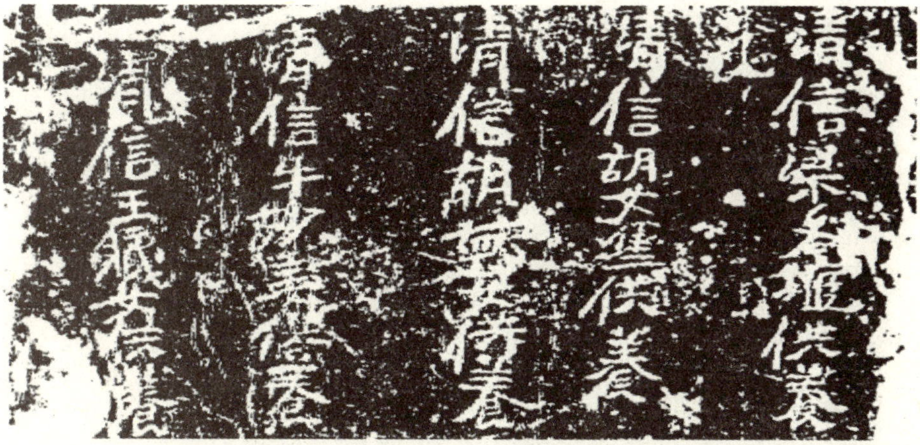

◎北魏 《姚伯多兄弟造像碑》右侧局部

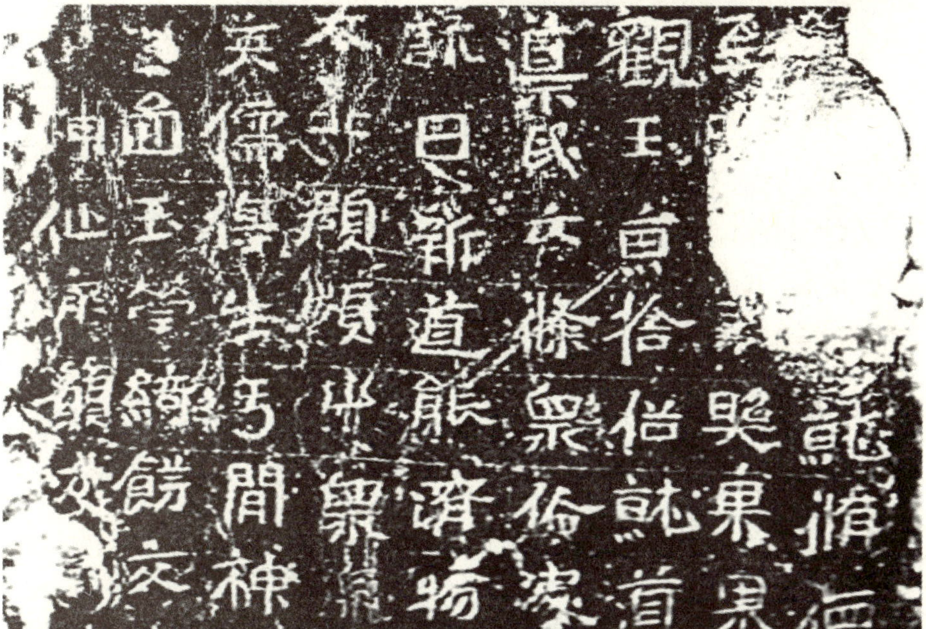

◎北魏 《姚伯多兄弟造像碑》右侧局部

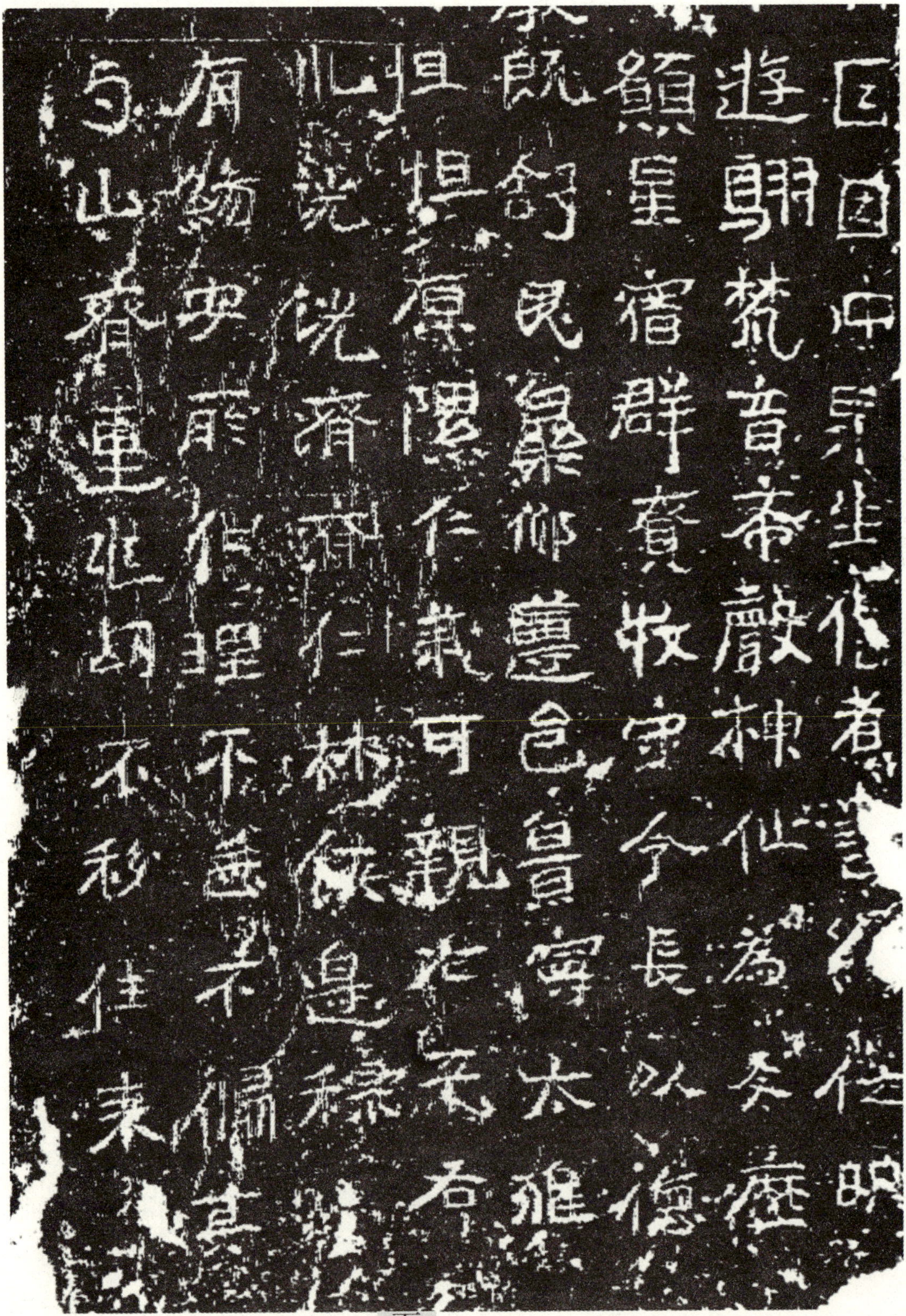

◎北魏 《姚伯多兄弟造像碑》右侧局部

你也肯定不是一刻成就被埋到泥土里去的

戊子年的深秋时节，应邀去汉中参加“汉门十三品书法国际学术研讨会”。期间，会议主办方美意，安排嘉宾去褒河水库凭吊与游览，并在下游一农家乐就餐，品尝褒河水库的鱼。鱼倒是蛮好吃，就是有点儿难以下咽，不远处百余米高的水泥大坝山一样堵得我心里难受。你不修这水库，褒河里也是要长鱼的，但你修了这水库，《石门颂》《石门铭》就得搬家，就得局促于吵嚷的市间那处逼仄的房子。一旦离开了它的自然的具体的语境，一切历史的信息都将不复存在了。

席间，友人们讨论的一个问题移开了我的思绪。邻座的朋友向对面的北京师范大学的书法研究生发问：“老师

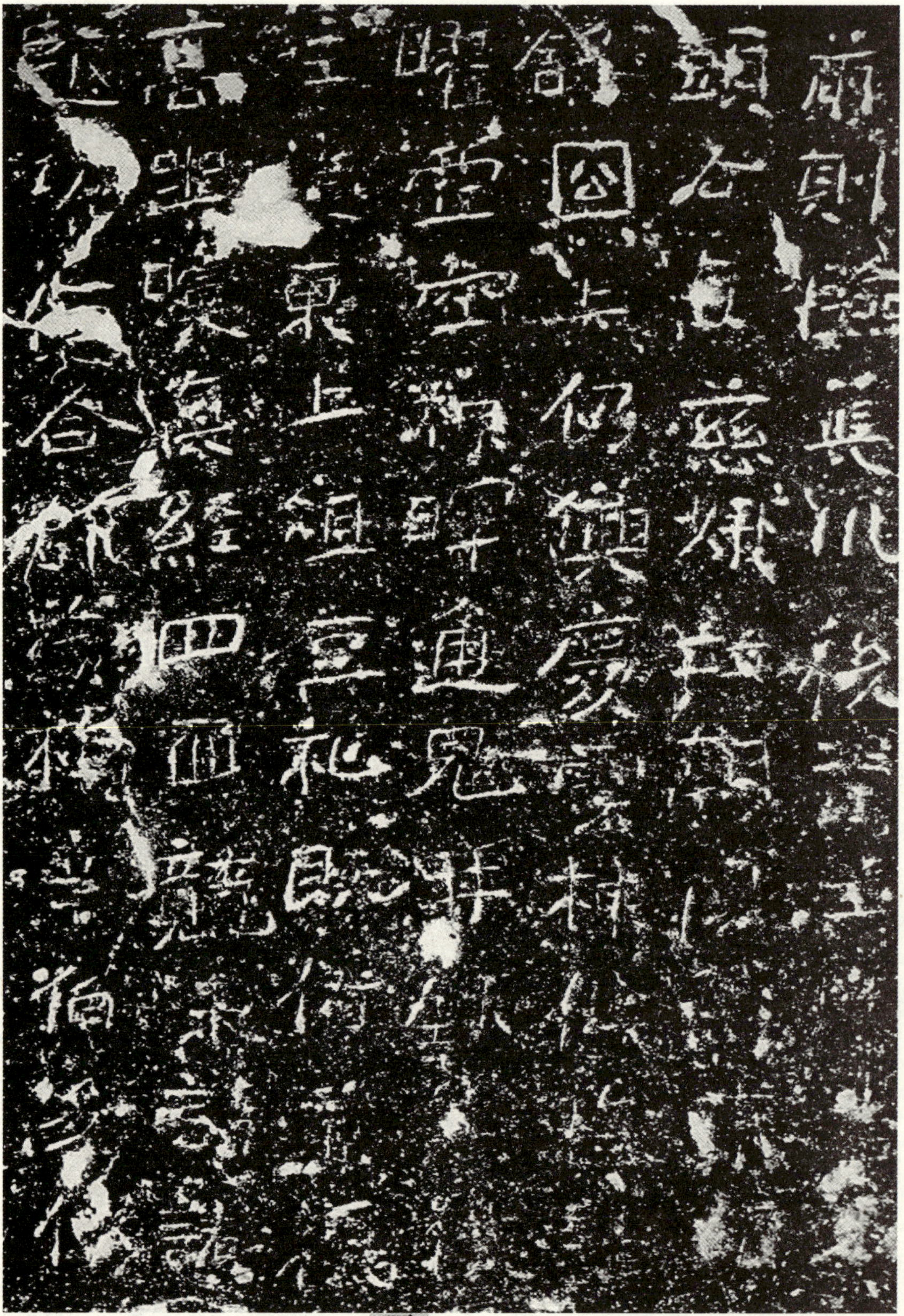

◎北魏 《姚伯多兄弟造像碑》碑阴局部

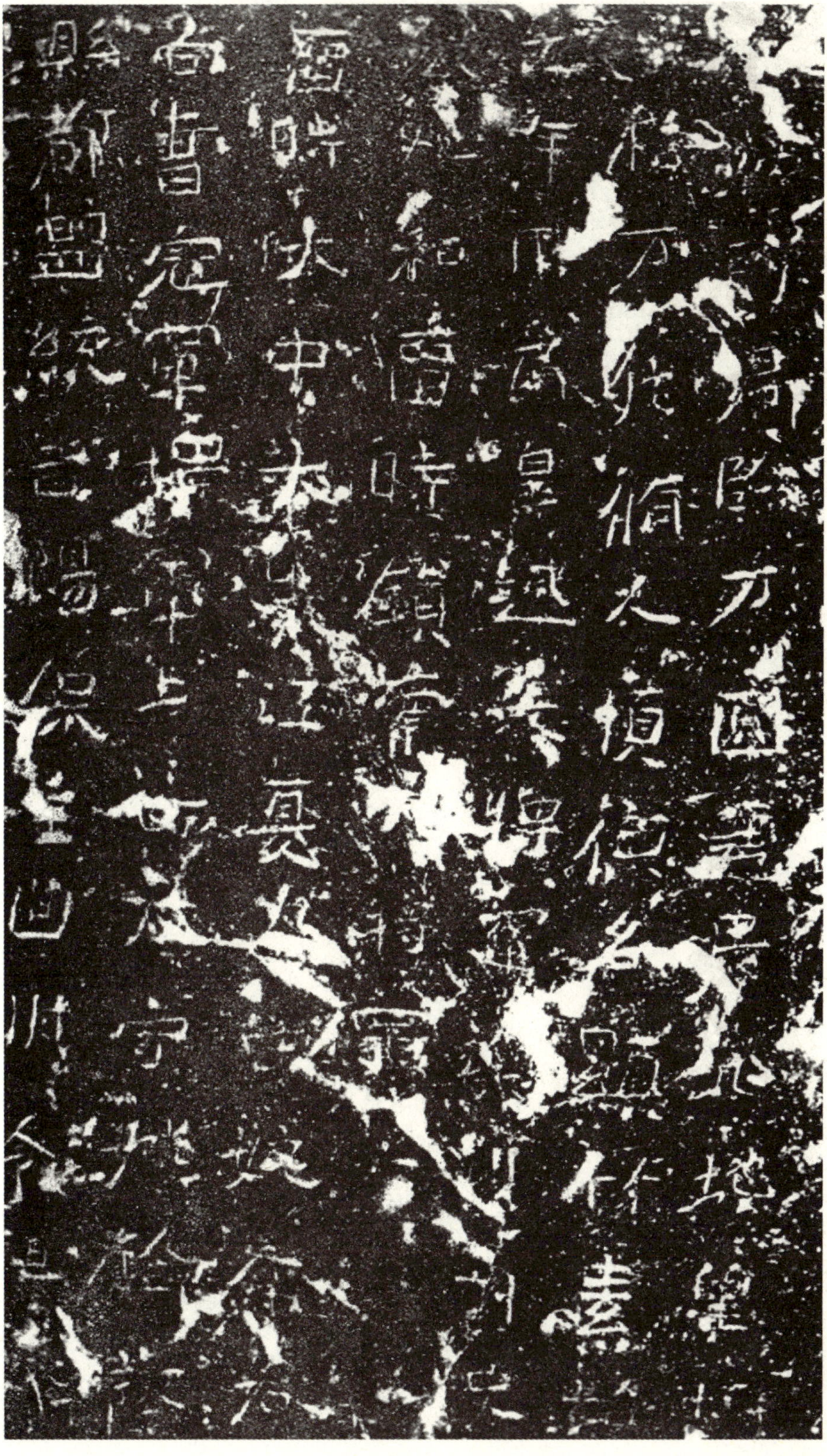

◎北魏 《姚伯多兄弟造像碑》碑阴局部

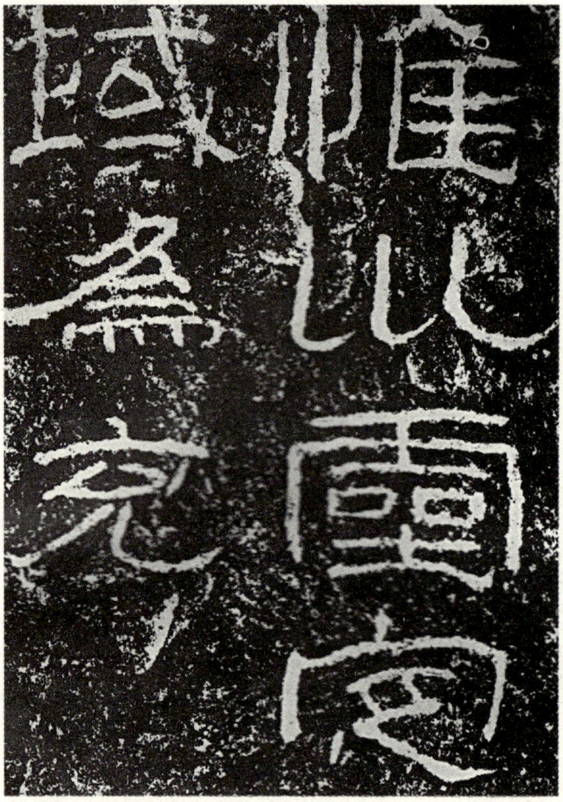

◎东汉《石门颂》局部

怎么教你们写《石门颂》？”学生回答：“让裹着锋写。”老师一语中的，直接点出了《石门颂》的用笔要害。这时，我想到了《姚伯多兄弟造像碑》，想到了碑阴那片散漫的文字。

《姚伯多兄弟造像碑》碑阴的书写与碑阳和两侧的书写有绝大的不同，完全是书者另一个时段的另一番情绪。在大章法上不似碑阳那么紧密，是一种大体的纵有行。细察之，碑面是不存在界格的。更重要的区别是在用笔上，几乎一味的中锋圆笔。这样更显得淳厚温润，加之结字的横向取势，更使得我们分明感到了分书的意味。这种较为自由的书写，舒展而不紧结，更没有导致涣散，实在是一种天性的自然流露。我们阅读该碑，不得不赞叹书者对情感与法度的把握。也正因为有这篇文字的存在，更使得该碑具有了丰富的包容性，从而兼具众美。

阅读大量的历史遗存，我还鲜有发现哪个碑帖与《石门颂》的用笔有如此大的一致性，字的面目与味道也极为相近。我把《姚伯多兄弟造像碑》碑阴文字的用笔同耀县碑林的其它碑子也做过比较，一路中锋的是比较少的，只有《杨缦黑造像碑》的用笔与它近似。

我很有兴趣给它两个分出个高低。假如《姚伯多兄弟造像碑》的整个文字是出自一人之手，假如我们把整个的文字看成一个完整的书写，那么较之《石门颂》一个单篇，书写的难度《姚伯多兄弟造像碑》应在其上。丰富比单一好，对诸法能做到自然和谐的运用，当然感染力也强。

但愿《姚伯多兄弟造像碑》也有《石门颂》那样好的文运。《石门颂》名满天下，野鹤闲鸥，飘飘欲仙，多自在啊！这咱也不怪，人家把多少好处给了世上的读书人。咱也不能怪《姚伯多兄弟造像碑》，碑子发现得晚嘛。可怎么说呢，你也肯定不是一刻成就被埋到泥土里去的，通身那斑驳的石花就可以说明问题。问题复杂。但《石门颂》早就靓了，清人杨守敬《平碑记》就断定：“六朝疏秀一派，皆从此出”。

《姚伯多兄弟造像碑》努力！

隶书渐行渐远中，唐楷已在微笑着招手了

今人多知西北大学在20世纪20年代曾邀请鲁迅先生来该校讲过一次学，但多不知先生在课余漫步长安街头的时候，于博古堂古董店，还选走了两张耀县碑林的拓片。

《鲁迅日记》和《鲁迅书账》有记，对此常常让我感叹的是，作为一位大家的先生，其治学的细致与严谨。在阅读过另一绍兴籍作家孙伏园的《长安道上》时，文中描述的20年代其往返陕西、舟车劳顿的情形，我总以为那是在记述先生。这两张拓片一为《吴氏造老君像》，另一张便是著名的《张僧妙法师碑》。该碑子有幸为先生所赏识，先生眼力不浅，看准了这一通珍品。

而今，这通碑子就伫立在耀县碑林主展室一排居中一些的位置，寻常中不失庄重，古朴里透着轩昂。该碑刻于北周建德二年（公元573年），它属碑刻，因而非造像碑那样华丽。即便如此，与同代的碑刻相比较，饰画也较为简洁。碑刻，记述乃为其主要功能，因而碑阳通身细微之界格忽隐忽现，整篇文字错落其间。站立碑前，雄厚之气扑面而来，大珠小珠玉盘其上，嘈嘈切切，激动人心。

该碑高205厘米，宽73厘米，厚25厘米，计24行，行46字，共1038字。在与隶书的渐行渐远中，唐楷已在微笑着招手了，该碑便暗示了这个意义。这通碑子的生成年代属北朝较晚的时候了，恰在同一个地区，文字书写的进化特征表现得如此明显，不能不让读碑者感到一些研习的收益。

尽管如此，它仍属魏碑，自身诸多成分仍是魏碑的元素。譬如它仍绝多的方笔，其线条虽已努力摆脱斧凿刀刻之痕，仍显得秀健凝练，瘦劲多骨。其结体虽已远离汉魏的扁方，而具中正之势，但并无欲归整之意，而是奇峻无常，字心或高或低，或聚或散，加之画之或轻或重，或收或放，字又生出了欹正，姿态顿生。虽大体不逾矩，但细察之变化多端，甚是可爱。

另外，这通碑子的碑文叙述精湛，文辞也是十分优美的。碑之主人是一位高僧，其家族乃为北周时秦地的豪强。碑文描写道："法师住修圣叶，今招上果，受气精录，始于编发，态度端雅，举止闲祥。"形容其圆寂时："庵拱梁木俱摧，遂与丘壤同化，悲结通俗，哀感行路，其置辍歌罢相

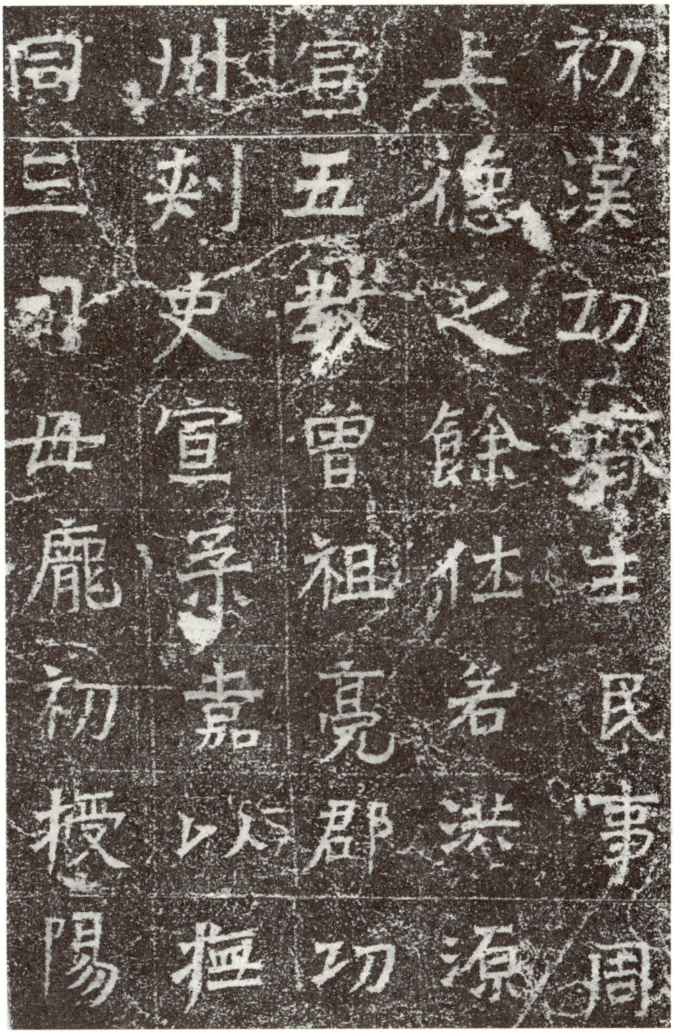

◎北周《张僧妙法师碑》碑阳局部

而已哉！”叙说其通籍宫廷游说公卿，得到赏识和礼遇，所谓“出入宫廷，往来公第，规赞益物之方，谋谟济时之术。宫简帝之心，说合宰相之意，特为述祖文皇之所赏爱。”碑文音韵铿锵，节奏分明，读之亦朗朗上口。

这通碑子原在该县西原文家堡南门外崇庆寺的旧址上，清光绪三十二年（公元1906年）耀州高等小学堂堂长任师竹

◎北周《张僧妙法师碑》碑阳局部

发现它的书法可做学生临习的仿帖，遂将其移置学堂保存。《张僧妙法师碑》的结字已非常接近唐楷了，但又不似唐楷那么刻板，用笔也较为灵动。在不受严格的束缚中自由进入书写，对于培养习书者的自信心和兴趣是有益的。加之它字数多，有规律可循，当然是比较适合临写的。

◎北周《张僧妙法师碑》碑阳局部

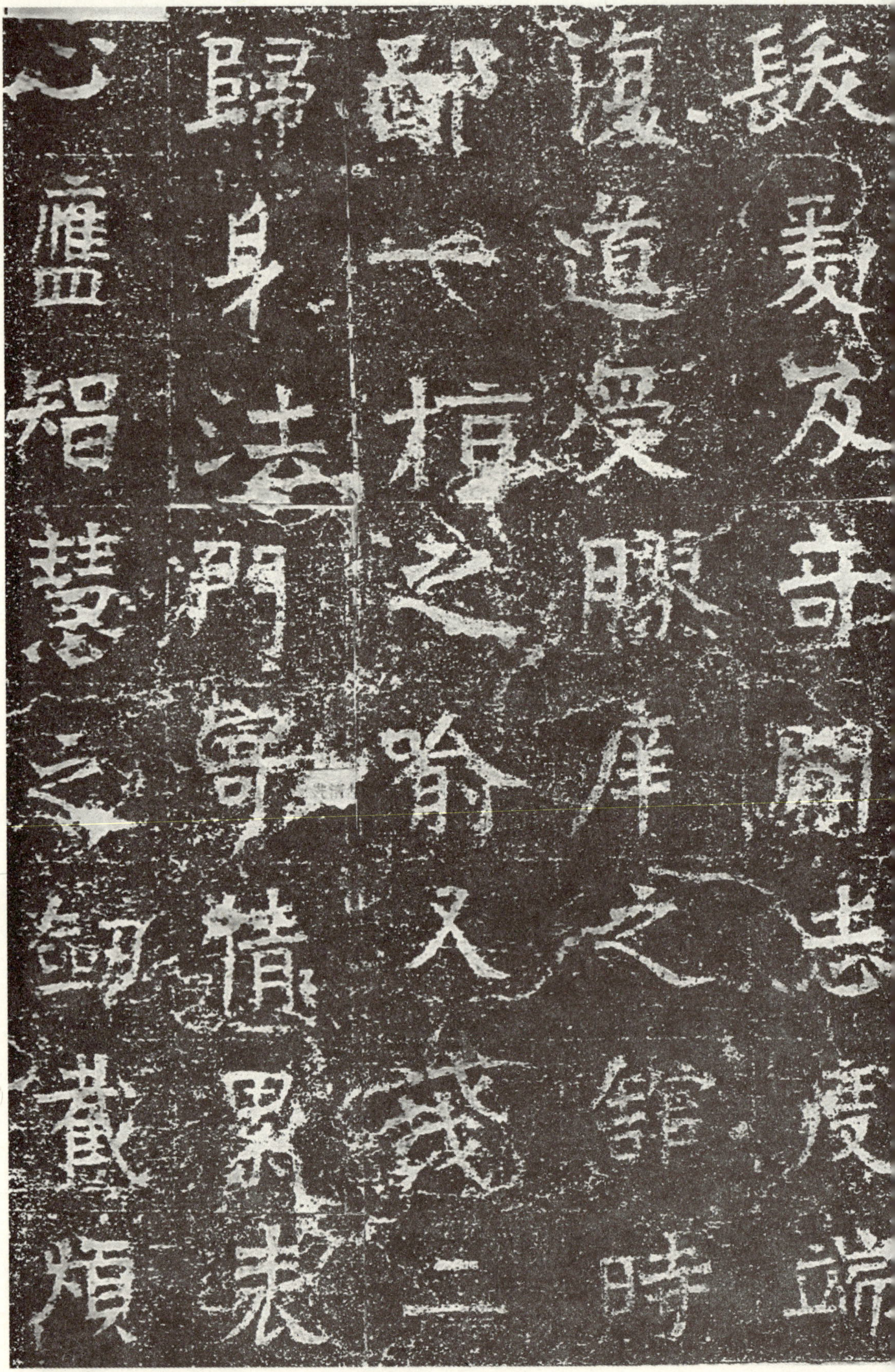

◎北周《张僧妙法师碑》碑阳局部

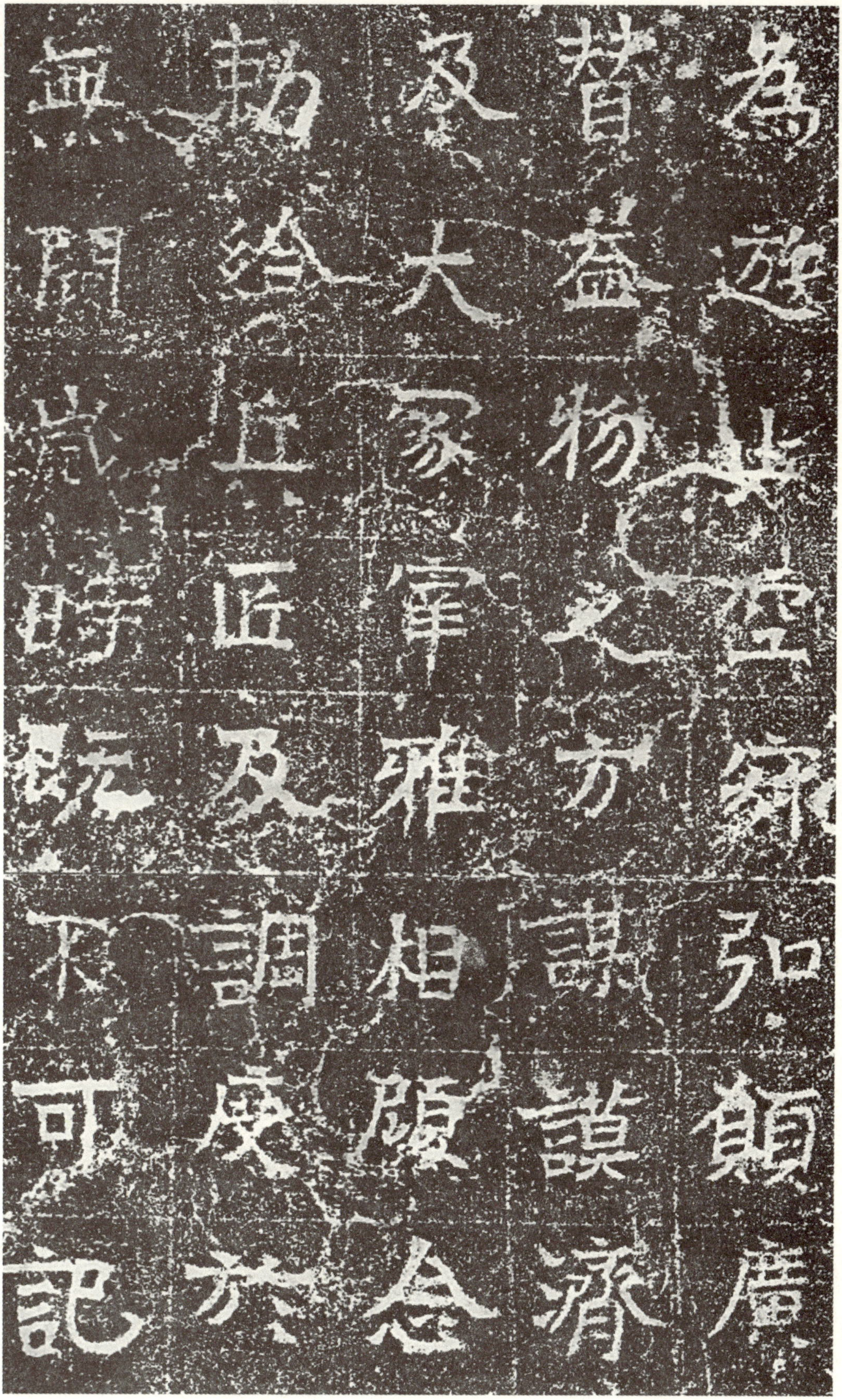

◎北周《张僧妙法师碑》碑阳局部

◎北周《张僧妙法师碑》碑阳局部

◎北周《张僧妙法师碑》碑阳局部

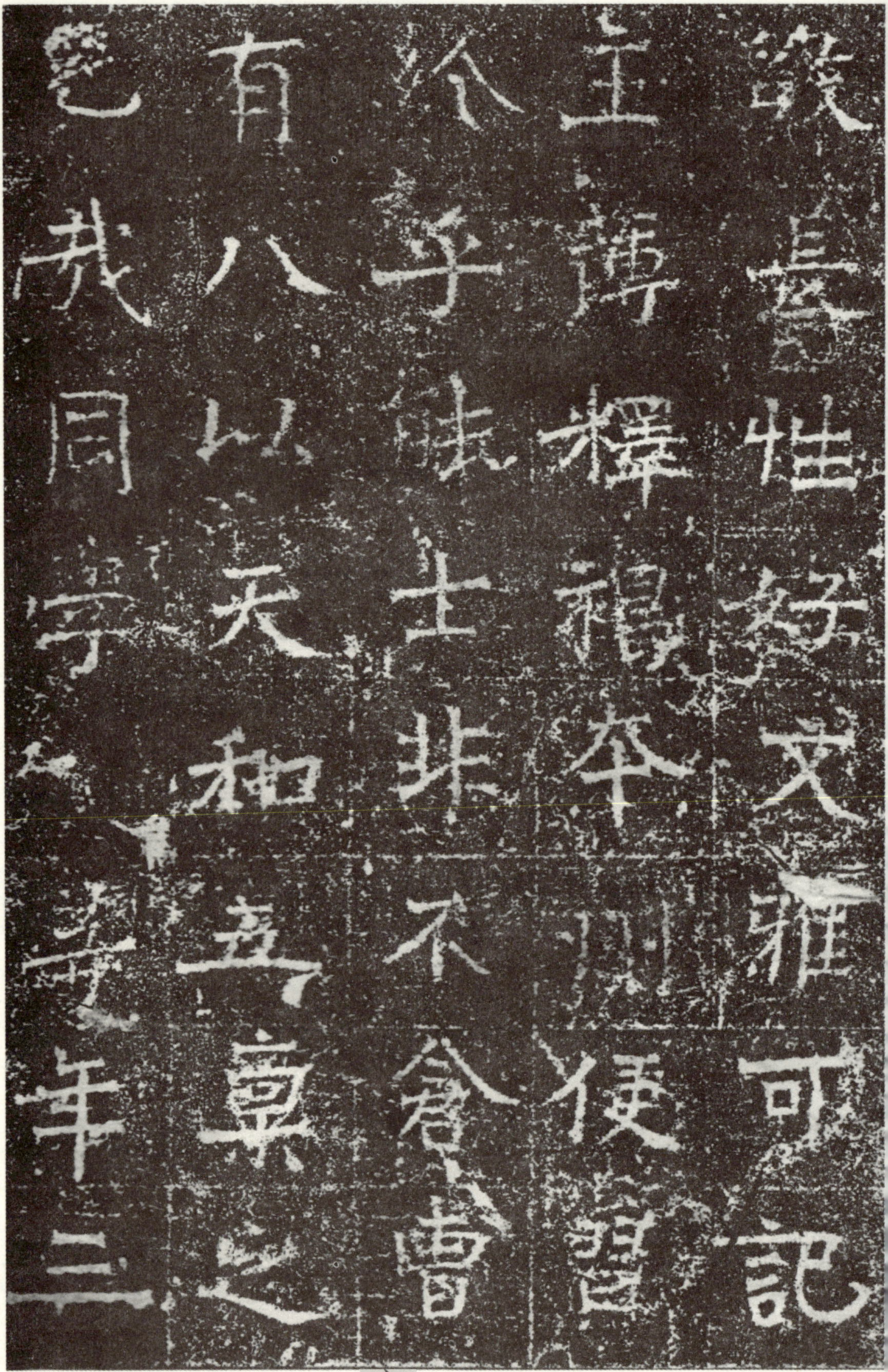

◎北周《张僧妙法师碑》碑阳局部

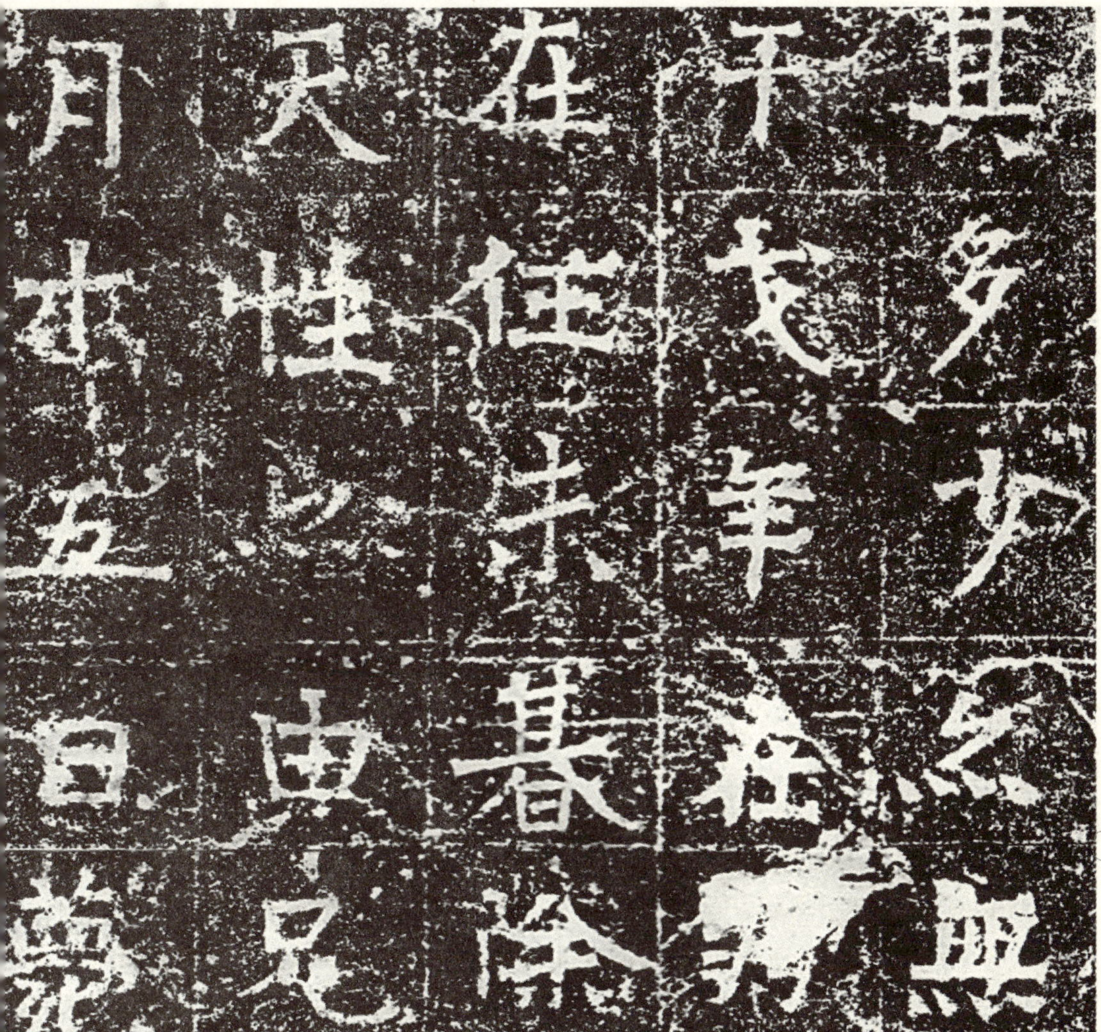

◎北周《张僧妙法师碑》碑阳局部

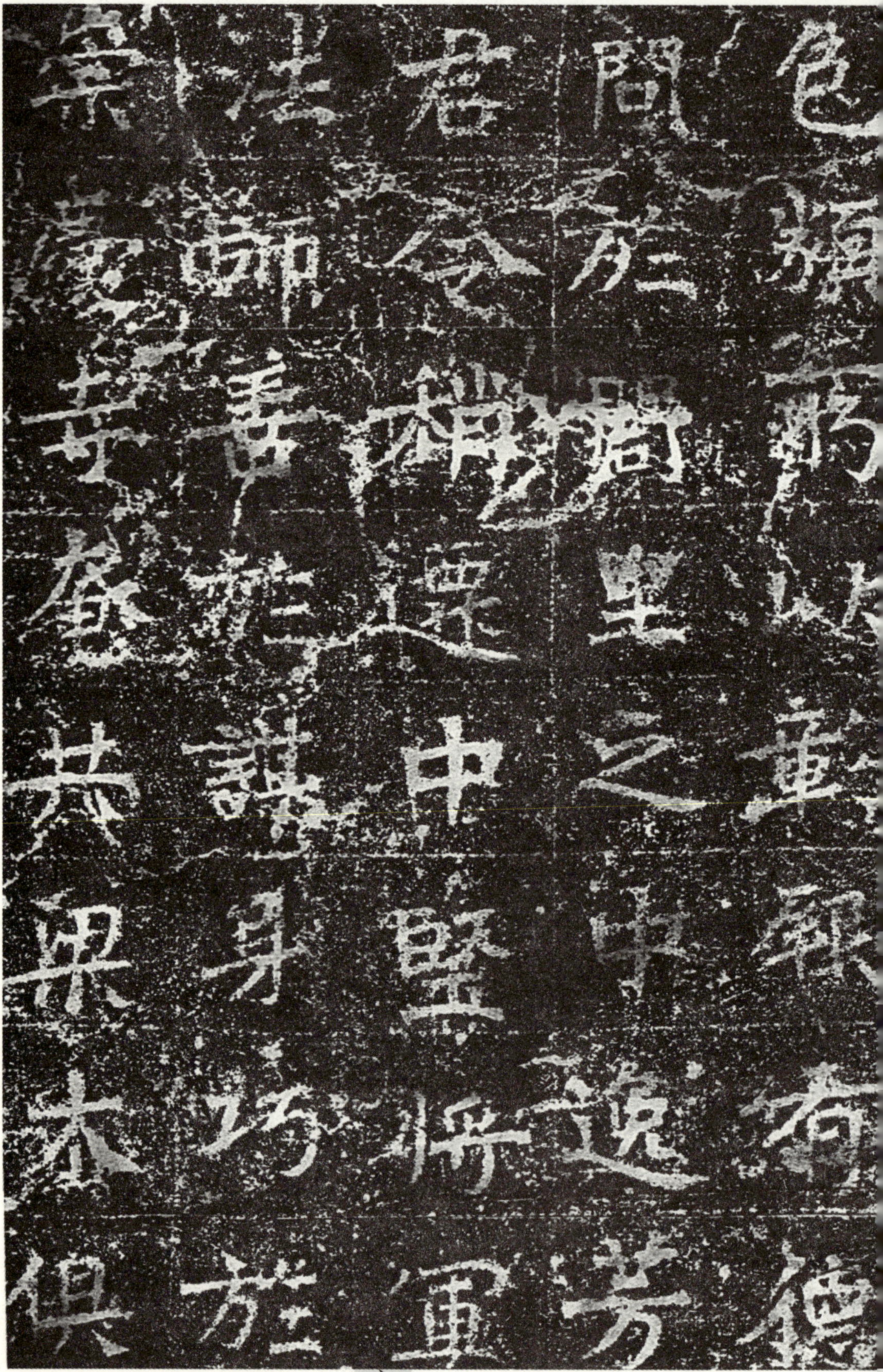

◎北周《张僧妙法师碑》碑阳局部

对于它们不肯抑或不敢丢弃的规整，《杨缦黑造像碑》似乎不屑一顾

中国书法数千年的历史，是以中锋用笔为主的历史。甲骨、钟鼎之始即为这种笔法确立了基础，以至两汉晋唐到明清的书写，无论书体怎样发展，书风发生什么变化，中锋用笔都牢牢占据着笔法的主导地位。

隶之书写有些点画必须要求侧锋，但其主要成分仍然是中锋。宋人米芾，技法之尊，用笔“八面出锋”，但观其侧锋写出的点画，绝无扁平怯弱之弊，相反由于使用恰当，而使侧锋点画凌厉中不失厚重，劲峭里可见隽永。可以说，历史上的书写大都慎用侧锋，尽管它有中锋不可替代之美。

魏碑书法是一个特殊的时期，言其特殊，盖是因为它普

遍为直刀而刻，不似汉唐碑刻，先书丹上石。即使是甲骨文，从殷墟发现的未契刻的骨片上，也可看出有使用墨书写的字迹。魏碑书法的直刻而书，使得点画方起方收，刚峻森严。这种点画特点又极易使结体方正朴拙，平实稳重。这些在魏碑初期的大刀阔斧里，以及成熟期的纯正干净的线条中表现得更为充分。

当然，对于直刻而书的观点，每每面对《姚伯多兄弟造

◎北魏 《杨缦黑造像碑》碑阳文字部分

像碑》之类的北朝刻石，我始终是心存怀疑的，主要是因为其毛笔书写的意味太浓，笔法变化太丰富，气息上又呈现出了一派温润与平和。无论如何，坚硬的石铲的表现力也是比不过柔软的笔锋的。魏碑遗存的量那么大，北朝的地域那么广阔，毛笔书写是日常文化活动的主要方式，加之书丹上石的传统，我相信，不是所有的魏碑都是直刻而书的。

在北朝刻写中，方起方收行笔，未必侧锋。同样，圆笔

透过刀锋看笔锋

的起止也未必意味着点画的中锋，魏碑很容易让人产生错觉。其实，“透过刀锋看笔锋”，这一点在一般的拓片中完全可以看得出来。那些年，我有如此方便的条件，抬脚便可到这些魏碑石群中，低首抚石，仔细端详这些凹陷的点画，留心过刀下存留的丝丝痕迹。这些魏碑却是同它处的魏碑刻法一样，绝大多数是双刀两面刻，因而，中锋的意味极浓极强。当然，单刀刻出的也未必一定是侧锋，因而，完全可以说，魏碑的书写还应以中锋为主。我们在用毛笔书写的时候，还是要注意刻写之间的笔法转换的。

看碑石与观拓片的感觉，有时是不一样的。观黑白分明的拓片，可以清晰地看出字的效果来，容易掌握与临写。但看碑石，从点画的粗细与深浅可以感到用笔的轻重，从石质上刀斧下表现出的映带，可以悟出节奏来，会让你在宣纸上的书写更为沉实。即便是点画里一些些小的石料遗存，都会让你思绪纵横、心潮澎湃，产生一种遥接千载的无限遐想，从而会涵养你的书写情绪。

◎北魏 《杨缦黑造像碑》碑阳局部

《杨缦黑造像碑》用笔的起收，绝少

◎北魏 《杨缦黑造像碑》碑阳局部

用方，绝少能看到刀刻斧凿的痕迹，线条的圆润柔和，在大量的魏碑中独树一帜。而即便是在耀县碑林中，这也是一块自然地没有经过多少打制的石头，整体上还有凹凸，它的独特风格曾深深地打动了我。

该碑发愿文字散散漫漫地错落在龛下，因了这种布局，使得该碑透出一种逸气。略显粗糙的石质上，却精细地制造出了一种中锋线条，舒缓温和，不激不厉，那种浑圆以至尖细的起收，也甚是亲切可爱。而结字的意趣，更显出了一种自由自在。在接触了大量魏碑的紧张乃至紧迫中，看到它，会有一种不期而遇的轻松与惬意。

这又绝对是时代的产物。它刻于北魏宣武帝景明元年（公元500年）。魏碑发展到此时，已过了初期的粗放与中期的成熟。而求变的心理，刀工也必定会有，因而在不同的地域，此类风格的碑子也时不时会冒出来，譬如《石门铭》，譬如《郑文公碑》，它们分别刻于北魏永平二年（公元509年）和北魏永平四年（公元511年）。与《杨缦黑造像碑》大抵同期。对于它们不肯抑或不敢丢弃的规整，《杨缦黑造像碑》碑似乎不屑一顾。

匠心独具的佳构，绝对是经得起玩味，经得起审美的

述说耀县碑林，《魏文朗造像碑》似乎是一通不能绕过去的碑子。整通碑子铭文完整，刀法旷达，点画厚重，雄强稚拙之极。而强烈的隶意，又给此通碑子字体平添了些许温和之意趣。字的造型似无规整之意，而点画的轻重收放也好像全由性情，但刀工正是以此来调整，而使得刻字重心平稳，一眼看去，犟头倔脑而又不乏灵气的字个个性情毕见。

一般议论魏碑书法，普遍的看法认为，它是文化层次不高的下层刀匠所作，我总在想，如果这些刀工没有文化的训练，不能掌握汉字的结构，不懂得如何处理偏旁部首以及点画之间的关系，他如何能处理好这些字的重心，他们刀下的

◎北魏 《魏文朗造像碑》碑阳局部

直刻如何能成为后人师法不尽的佳作？譬如篆刻，你得先识篆，还得先会用毛笔写篆啊，况且篆的结构与点画，从一定意义来说，较之隶楷还是要简单一些。因此，恐怕不能简单地给北魏的刻工下定义，不能一味地说他们粗陋。实际上，魏碑里绝大多数刻字都不是简单的制作，相反是匠心独运的佳构，绝对是经得起玩味，经得起审美的。

当然，就其书法而言，该碑铭文的书艺水平虽然表现出

了一定的特点，但在耀县碑林中，也很难挤进前十品，可它却是该碑林博物馆里每每向客人首先要介绍的碑子。它之所以珍贵，的确有着不同意义。

首先，它是我国现存最早的佛、道融合造像碑。同时，它也是道教最早的造像碑。此碑刻于北魏太武帝始光元年（公元424年）。它不仅为该碑林最早，它比中国国家博物馆收藏的《王阿善造像碑》早103年，比云岗石窟中的《太和七年造像》早60年，比洛阳龙门石窟中的《始平公造像》早65年。该碑当然应为耀县碑林珍贵的存藏之首。

其次，它是两次灭佛、一次除道的幸存者。在中国宗教史上，佛、道两教的相互争雄，以北朝时期一度最为激烈。出于统治阶级的需要，北朝时期曾两度灭佛，一次除道，其惨烈之状，可谓佛、道的灭顶之灾。譬如太平真君七年（公元446年）的那次，太武帝下《灭佛法诏》曰：“自今以后，敢有事胡神及造形像泥人、铜人者门诛。”“诸有佛图形像及胡经，尽皆击破焚烧，沙门无少长，悉坑之”。当时，各地近三千寺院无复遗存。而《魏文朗造像碑》是在这数次灾难之前刻成的，能躲过一次次浩劫，不能不说是文化上的幸事。

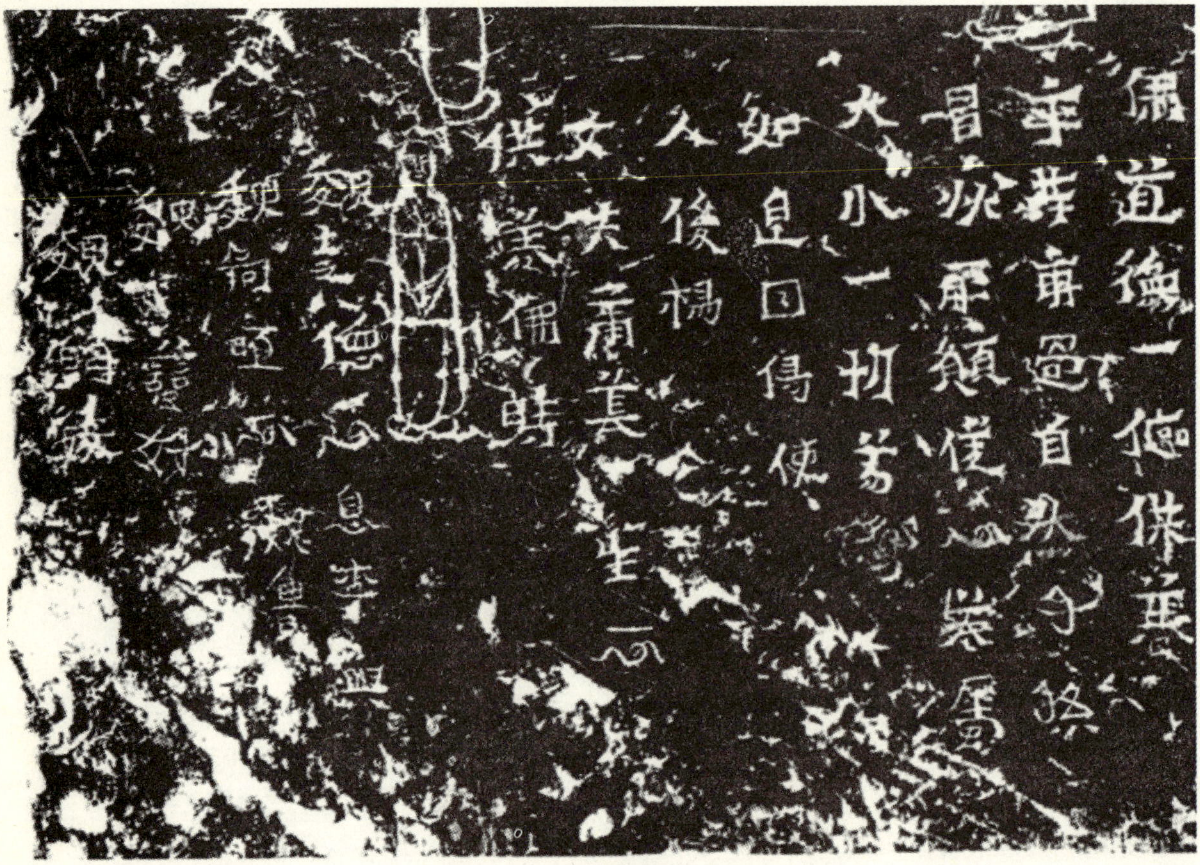

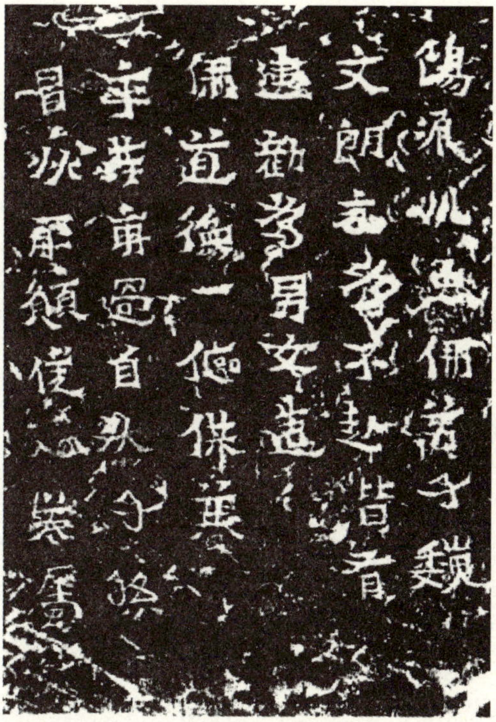

◎北魏 《魏文朗造像碑》碑阴局部

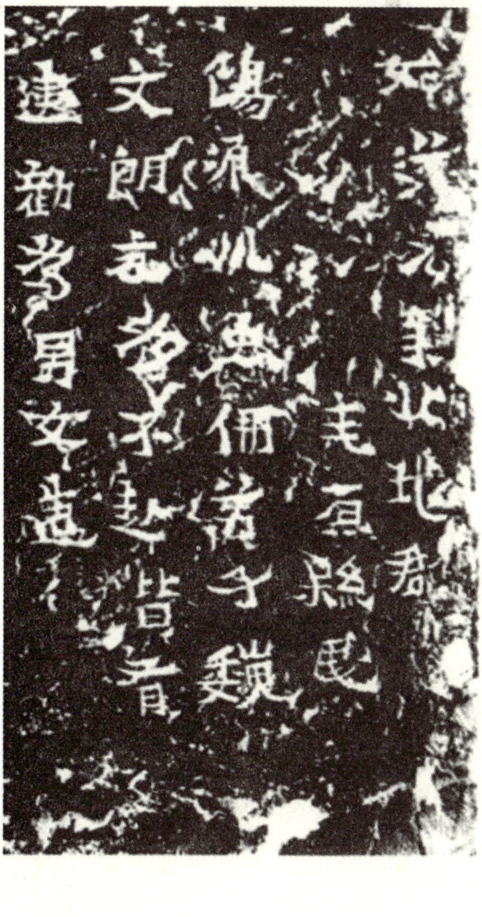

◎北魏 《魏文朗造像碑》碑阴文字部分

再者，它对于研究文化发展史、少数民族史、宗教史等等诸多方面，都有着极为重要的意义。该碑林博物馆的人言必称其《魏》。而《魏文朗造像碑》也为其馆带来了荣誉，多种权威资料典籍中时见著录。珍品自当珍之，但愿人们能懂它、惜它、爱它。

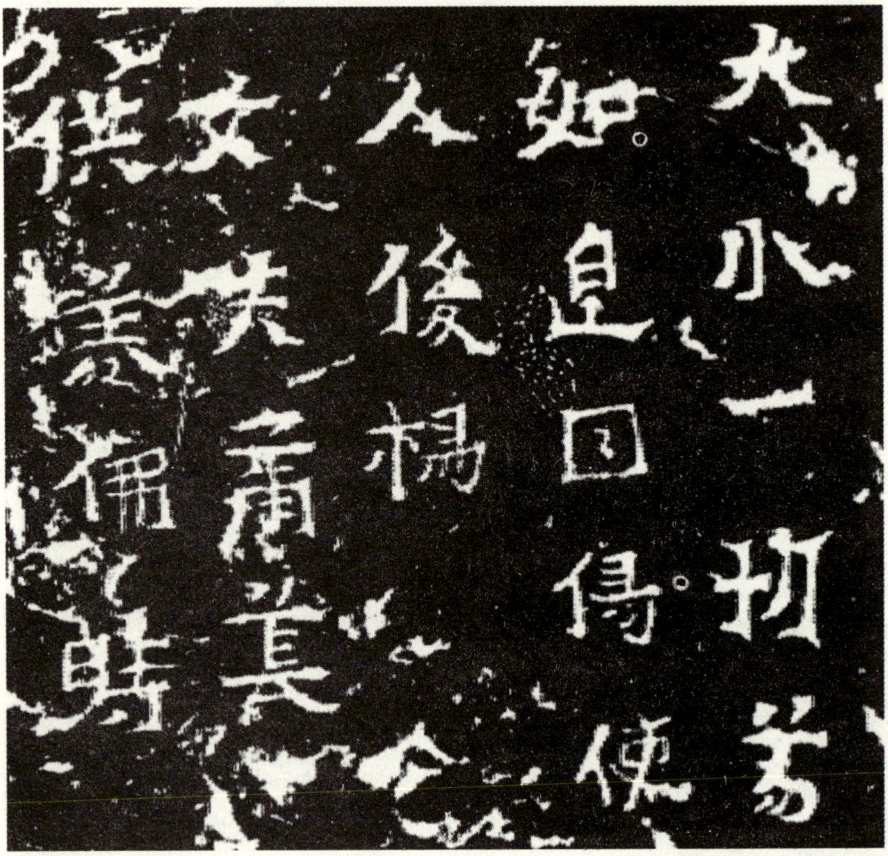

◎北魏　《魏文朗造像碑》碑阴局部

耐读的感觉便会油然而生

耐读的感觉好极了。

耐读的感觉是一种如饥似渴的满足。耐读的感觉是一种殷殷期盼的给予。耐读的感觉是幸福，一种不折不扣的幸福。耐读的感觉是信心，一种历久弥坚的信心。

面对着并不高大的《杨阿绍造像碑》，这种耐读的感觉便会油然而生出，散散乱乱弥漫你的全身。这通高一米的碑子，一面造像，刻于北魏宣武帝景明元年，书法布满于龛的下部。其书法第一个特点是粗头乱服，甚而会有些扎眼。自然是流畅规整的作品会顺眼些，那种甜甜的顺当感多好啊！但你少许有些耐心，应着涩滞读进去，一种自然的力量会引领你，一步步进入那美妙的境界。此时，你的咀嚼里感到的已不是生硬，而是有味道耐琢磨的美感。这类风格的魏碑生涩、质朴，富有质感，因而，通过这种感觉体味出的东西，不仅成了魏碑的特点，甚而已成了魏碑的品格、精神。纵观中国书法艺术的发展史，魏之先、魏之后，都不再有此类苍苍茫茫、不拘一格到了极致的作品。

这便是儒家文化制约的原因，看看与北朝同时期的南朝的字，这些南移的汉人把汉文化的中心也随之带了过去，字便顺延着晋人的路子，在一个程式非常完备的官僚文化的影响下，亦步亦趋，唯唯诺诺。而此时，北方的汉文化正经历着巨大的冲

◎北魏《杨阿绍造像碑》碑阴文字部分

撞。渭北这个地区现在的人群里仍大量散布着党、姚等少数民族姓氏，足见当时民族杂居情况之甚。从魏碑书法所呈现出的这些特点，完全可以看出这些崭新的文化元素具有的旺盛生命力，这种大雅不雕的张扬个性，也体现出了极强的冲击力。“钗股漏痕手上行，了然成竹在胸中。只可小写三分熟，还当留足七分生。”我们书法审美的取向是对的，我们的眼光多瞄准魏碑，也是不会错的。

而紧接着，我们便感觉到了此碑书法的另一个显著特

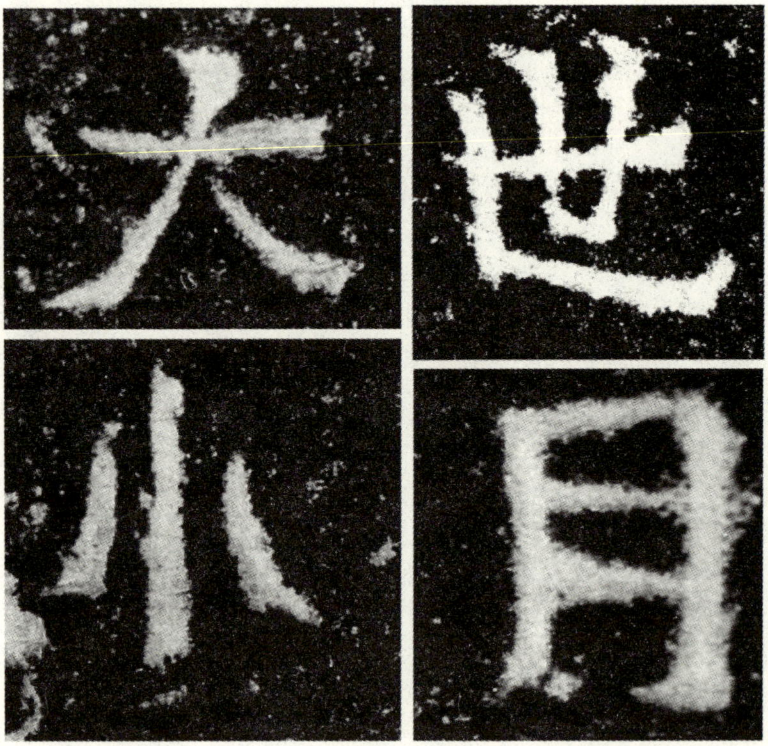

◎北魏 《杨阿绍造像碑》碑阴局部

◎北魏 《杨阿绍造像碑》碑阴局部

点，这便是结字的宽博与笔势的开张。宽博显然来自于隶书的遗意，不仅仅是意，有些字甚至直接取法隶书。如该碑中的“所”字，笔法笔意完全是汉隶方笔类的《张迁碑》。还有“平”字，若除过中间两点的写法外，从整个字形到其他点画写法，与《张迁碑》有二致吗？有时，一些结体本该长的字，它也有意识给压扁了，如“月”字由于重心低而显得敦敦实实，稳当之极。看到这些字，很容易让人联想到坚强有力的举重冠军和摇动不得的摔跤手。我们言其笔势的开张，好像有些撇捺的点画上，反倒表现得并不充分，恰恰在一些并不易舒展的点画上，该碑处理得却非常好。如“富”字的宝盖，一个本该横平竖直的点画，它却写出了那么大的起伏，不仅是个性鲜明的问题，简直让人出乎意料。再看碑上紧挨着富字的“为”字，化繁为简，可谓胆大妄为，表现出了超人的气魄和胆略。而四点也写得那么有耐心，各具姿态。这种大开大合，轻重有致，绝非一般写手可为。相反，碑中“小”字的左右两点，却呈紧收之势。本该可以放出去的点画，却俯首帖耳，像个唯命是从的侍者，当然，它是紧接着“大”字而写的，似有不得不收之意。但“世”字最下面的一笔，不就毫无顾忌地“横”出去了吗?

读出此碑两个特点已是享受了。我想到了清人赵之谦，他受到过康有为的严厉批评，说他易魏碑的辣为甜，是犯了大错误。看来，碑的精神、碑的气质，才是至关重要的啊!

麻先生的棉袍里
深深裹着那点小小的意思

月光清冷，飘洒在渭北古塬上。风从那老北山里一路吹来，有着小刀般的锋利。弯弯曲曲的黄土道上，有三两人身着棉袍，黑色瓜皮小帽下的脑袋紧缩在领子里。他们不时低声吼着拉着一架木轮车的驴子。车似乎很重，但又不见车上载了什么大的物件，吱吱呀呀的声响在这孤寂的夜里显得很响亮。后面那个官老爷模样的人袖着双手，步履沉重，喘着粗气……

这便是我想象的一幕。其实，民国时耀县县长麻百年离任时偷碑子的真实情形如何，我不得而知。但这是真正发生过的故事，至今还在这块土地上流传着，并有百姓的传语为

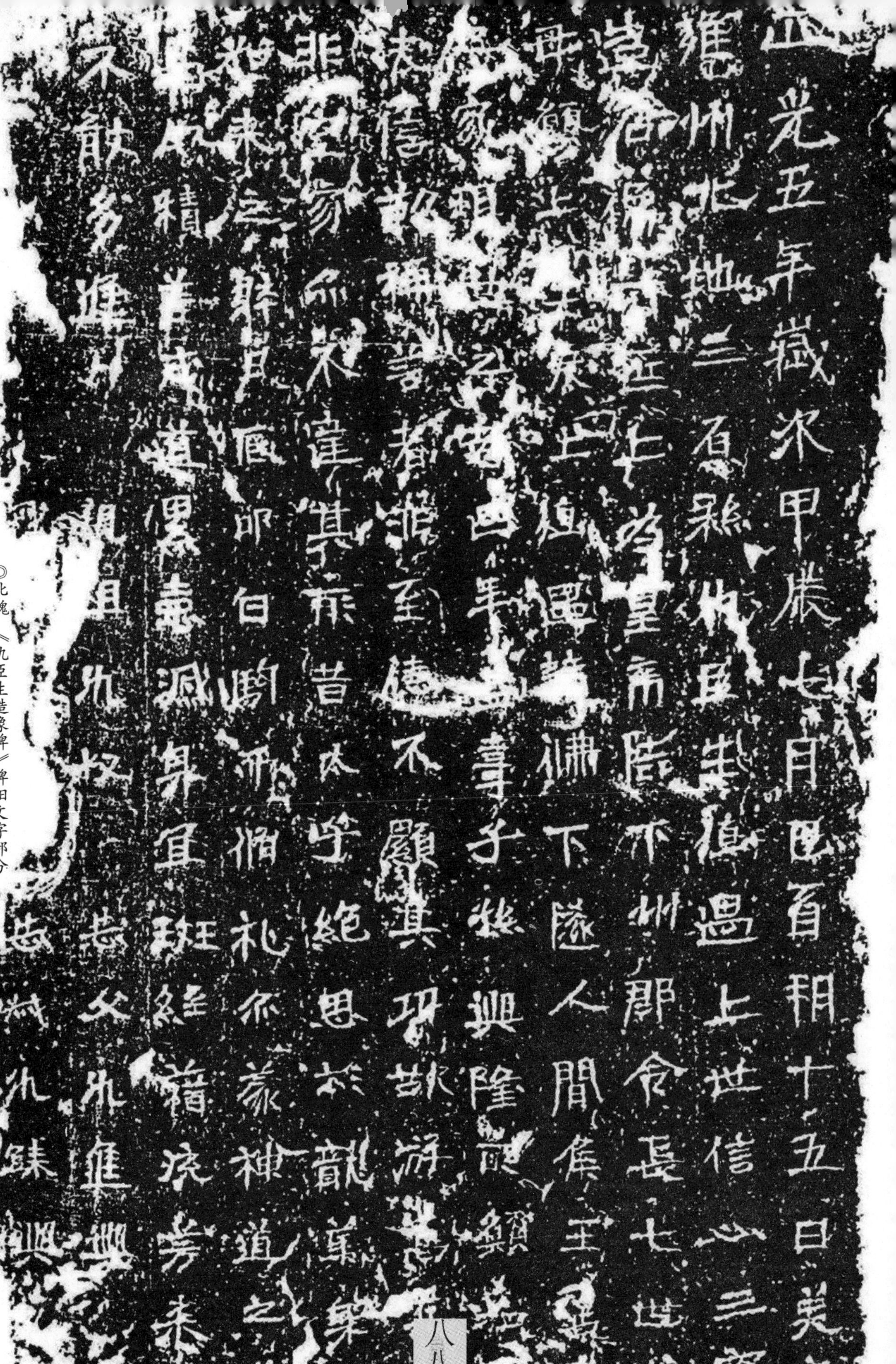

◎北魏《仇臣生造像碑》碑阳文字部分

证："正光碑，真宝贝，县太爷，偷碑子。"当然，如果顺着上面的思路写下去，便是该县的一些读书之人打着明晃晃的灯笼，引导众人，从县城一路追来，一阵阵高喊声在夜空里传递着。

有一出古戏叫《李天宝吊孝》，里面有一个糊涂县官，审案子时敲诈当事人，有两句唱词传神之极："捞把镰刀换银钱，收俩鸡蛋置庄田。"这麻百年显然也贪，收人镰刀和鸡蛋的县官的官位很可能是捐来的，这麻百年的官位是怎么来的呢？当时科举已废除，大致也是个读书人吧。即便如此，也不能用孔乙己老兄的名言"读书人窃书不算偷"来为麻百年开脱。

我们不再讨论麻氏盗碑的性质与动机。我们是来说这块碑子的，显然，这是一块优秀的碑子，且形制不会太巨，否则，县府主要领导不会瞄上它的，大了小毛驴子也拉不动啊！这是一块刻于魏孝明帝正光五年（公元524年）的一块造像碑，碑高100厘米，宽24厘米，厚15厘米。各种典籍资料中对其称谓不一，因而《仇臣生造像碑》《正光五年碑》以及《三宝造像碑》都是它的名字。该碑为三面刻。两侧造像主人家族题名的文字已漫漶不清。正面龛下为十行发愿文，行18字，共计180余字。由于碑的正面保存完好，因此古钱币大小的字笔笔极为清晰。

该碑界有暗格，章法疏朗，整体看去平和而又严谨，其书法奇逸挺拔，清新而富有生机。我们常在议论魏书时提到刀笔互见一词，如果你见到了这块碑子的书法，你一定会对

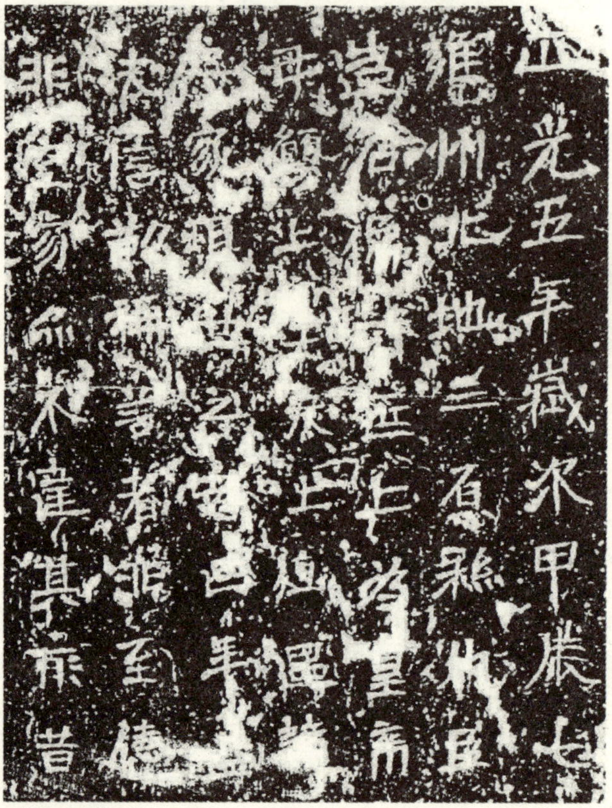

◎北魏 《仇臣生造像碑》碑阳局部

这个词有了真切的理解。这些字的线条并不重，或可曰很轻，但很劲挺。因此，显得超拔脱俗，直刻而书大多方笔露锋，爽利硬朗。但该碑由于较轻的点画，起收的谨慎处理，因而又使得刀下线条显得很含蓄，有了古朴之意。又由于较轻的点画，撇的温和、捺的委婉，以及竖的多用悬针，却都又表现出了很强的笔意。清浅的刀锋和浓浓的笔意刚柔相济，再加上上疏下促、欹正有态的结体，使得我们研读的感觉没有了沉重和滞重，而感受到了一种别样的韵致。正因为

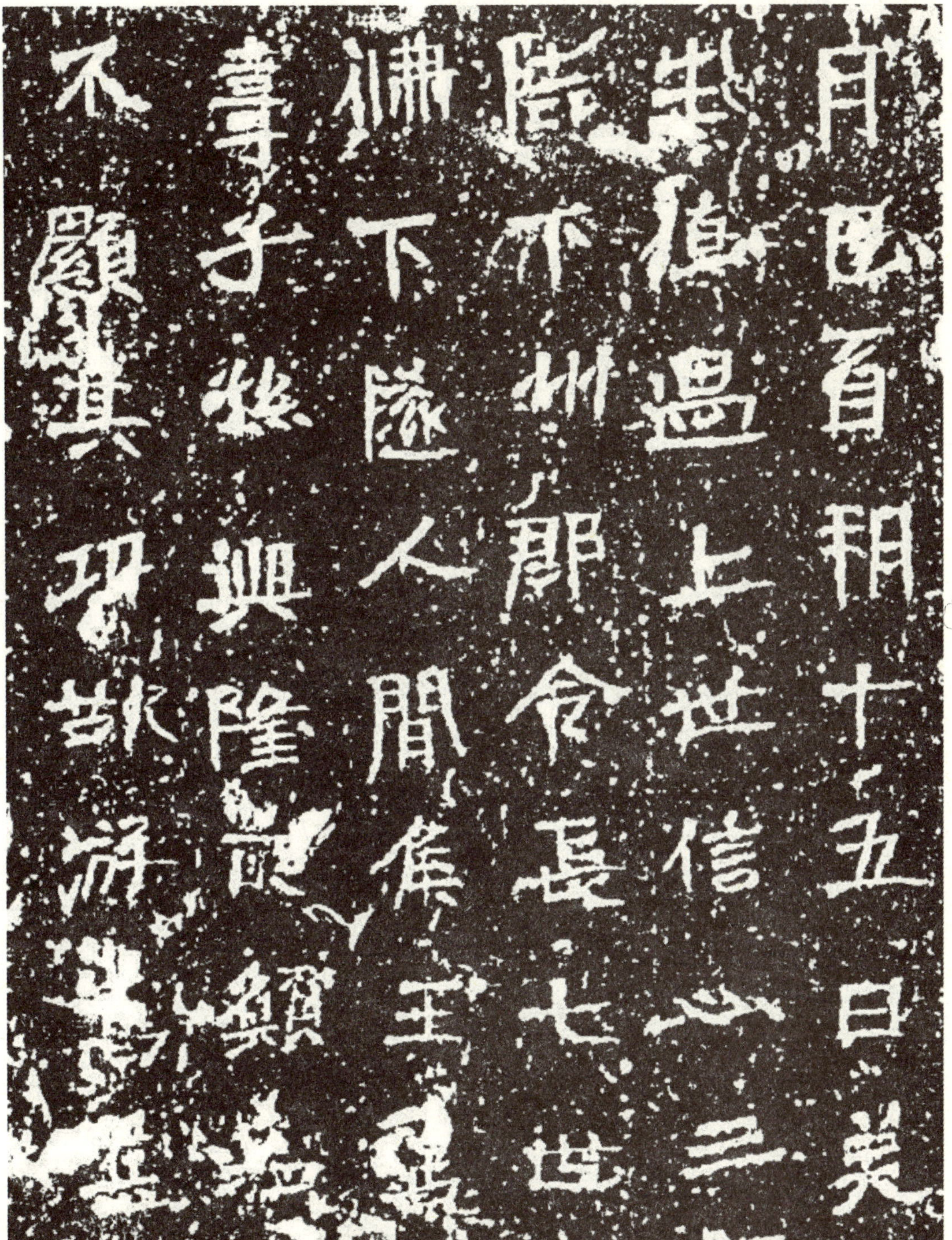

◎北魏 《仇臣生造像碑》碑阳局部

该碑有着这些独特的艺术价值，我们绝对可以视其为魏碑的一件代表性作品。

那些遥远的刻工，书法史上伟大的圣手，他们使得一片坚硬里有了丰富的律动，他们赋予了冰冷的石头一派盎然的生命活力。面对这些千年遗珍，我们的心里不仅仅生出的是敬意，还有那拂之不去的愧意。当然，还有麻百年先生的棉袍里深深裹着的那点儿小小的意思。而对他那点儿小小的意思，同样作为读书人，你会忽然对它产生一丝理解吗？

要是才刻了一通两通，他的手艺也练不出来啊

邑，在《现代汉语词典》里注释的词义有两条，一是城市，一是县，并没有涉及对宗教结邑意思的解释。邑在宗教里面是一种民间组织形式。北朝时期，宗教信仰相同的一个家族或几个家族，一个村落或相邻的村落组织起来，这样的民间私社便叫邑，也叫邑社或社邑。邑社的人数多少不等，从耀县碑林所反映的情况来看，少则二三十人，多则一二百人。不同姓氏，不同民族的人们，都可以相互结邑。虽然邑社设有邑官，但相对来说，还是比较松散的一种组织形式，是信众为了方便有序地参加宗教活动而自发组织起来的，这些普通的信众就叫邑子。

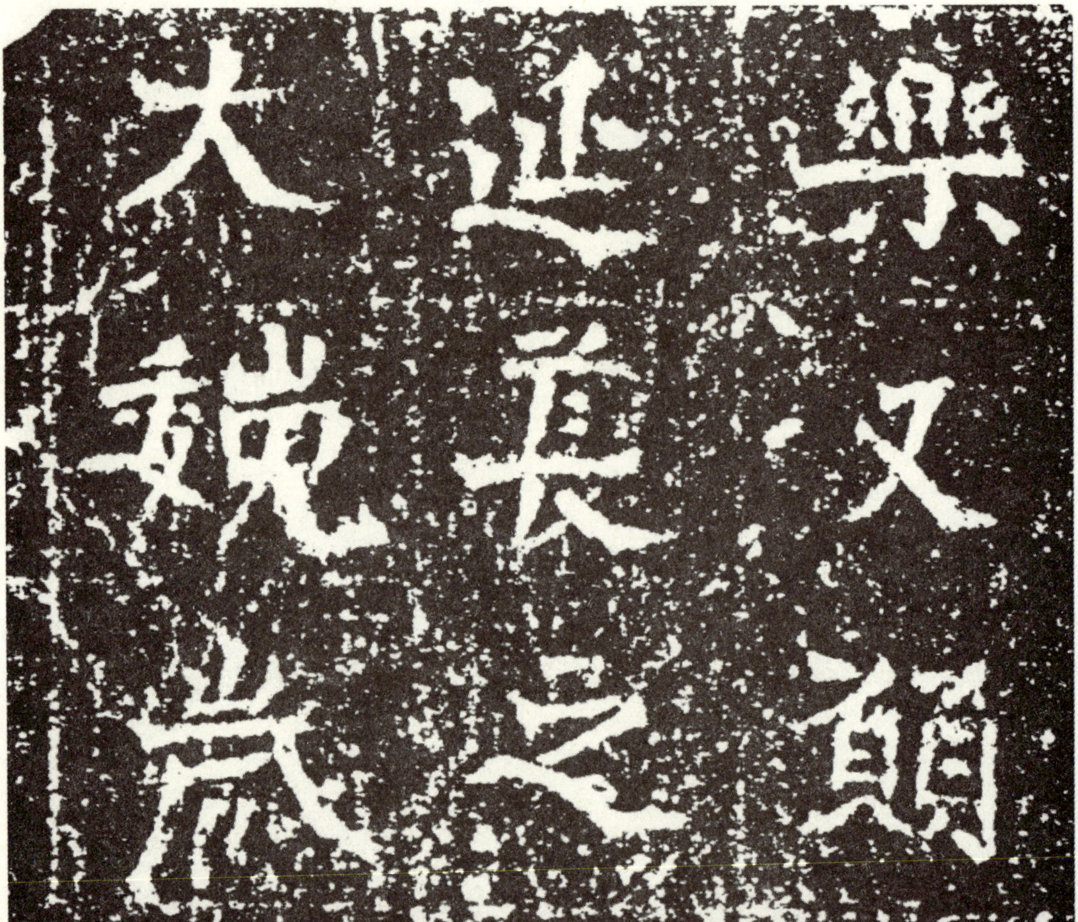
樂又顏見在
延長之福慶
大魏歲次丁

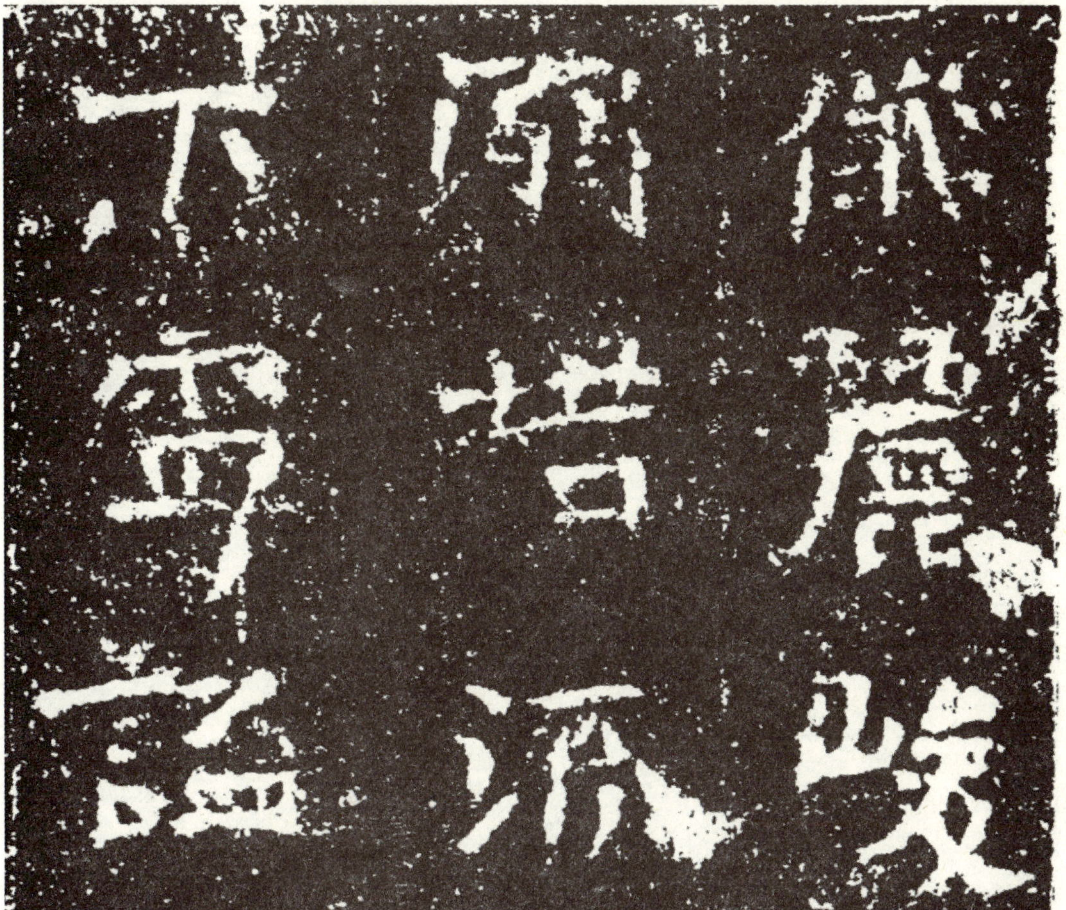

◎西魏《邑子七十六人造像碑》碑阳局部

父母祇神淨
眷屬合邑子
及法界蒼黎
未朗既統十

◎西魏 《邑子七十六人造像碑》碑阳局部

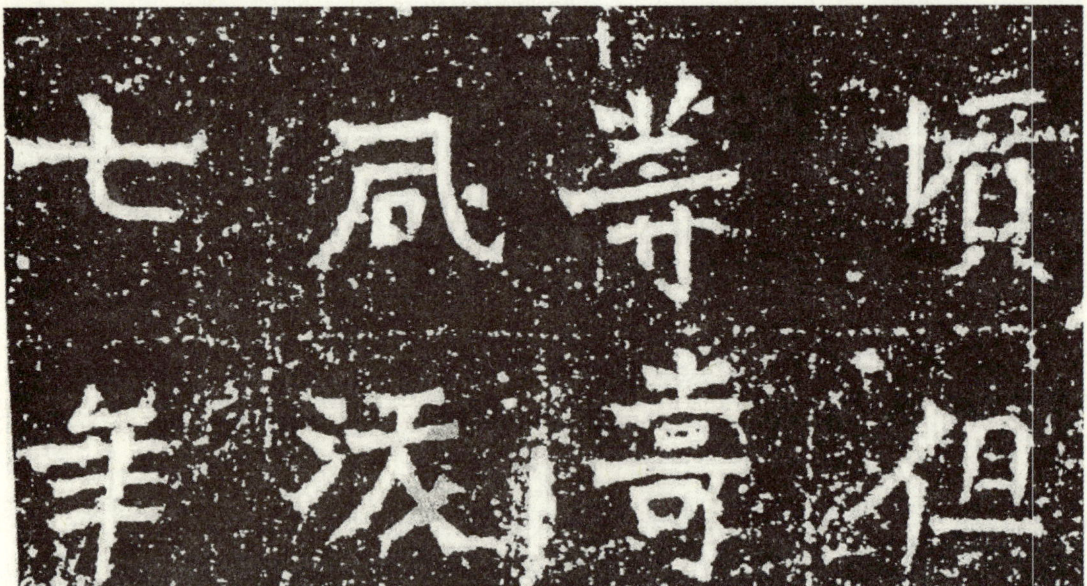

耀县碑林有六十余通这样的宗教结邑造像碑。譬如《邑子七十六人造像碑》《邑子七十人造像碑》等。多数碑子并不冠有邑子多少人造像之名，但也属此类碑子，譬如《冯神育造像碑》《绛阿鲁造像碑》等。多年前，我就见识过一位耀县碑林的专家，在整理研究其中一块碑子的时候，在称其为“大统六年残碑”还是“黄门侍郎碑”的问题上，颇有踌

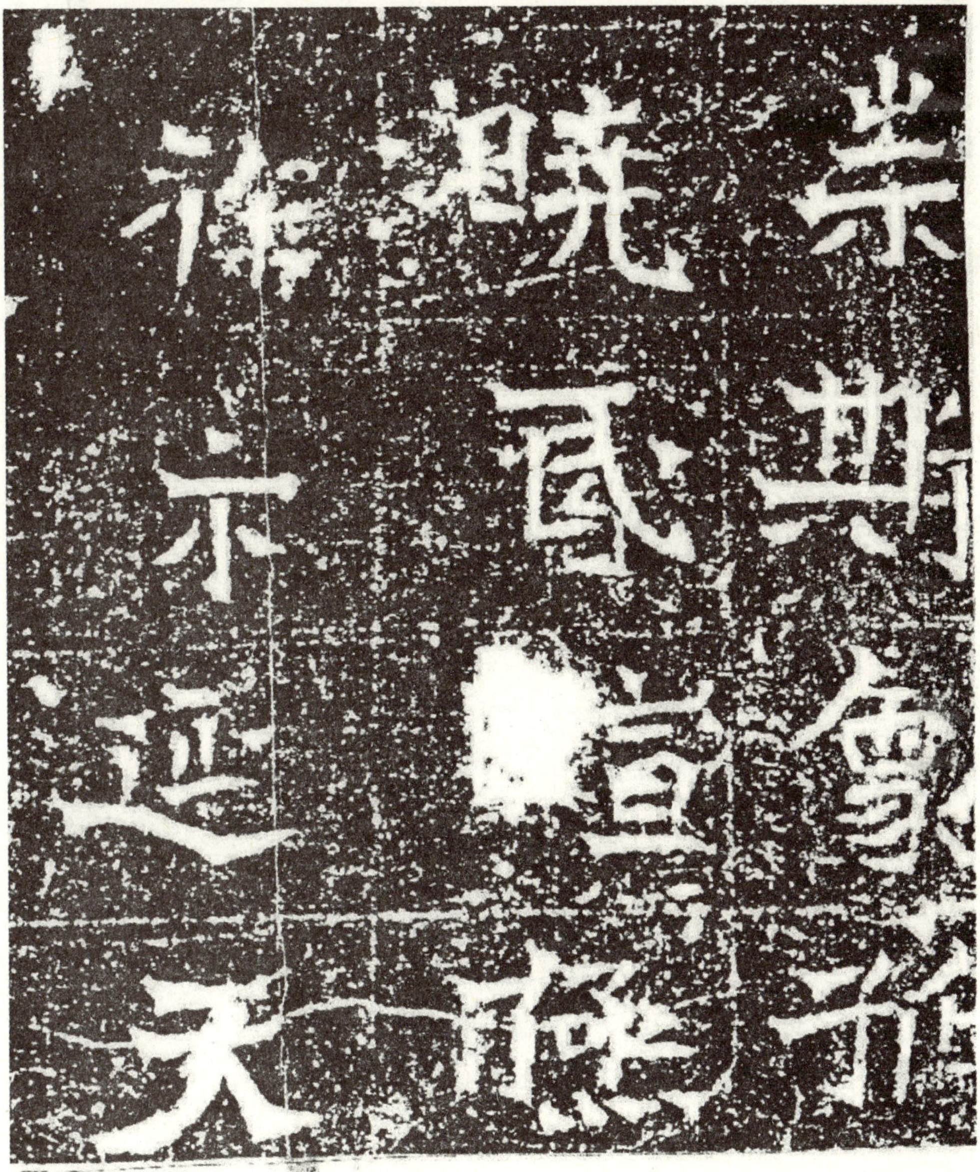

◎西魏 《邑子七十六人造像碑》碑阳局部

蹰，再三考量。一般在给碑子命名的时候，他们依据的是整个碑子所反映出来的方方面面的信息量，孰多孰少、孰轻孰重来决定的。专家手中虽然握有大权，用起来也是需要慎重的。

《邑子七十六人造像碑》是北朝接近晚期的一通碑子。多个少数民族政权在汉文化的影响下，文明程度不断提高。

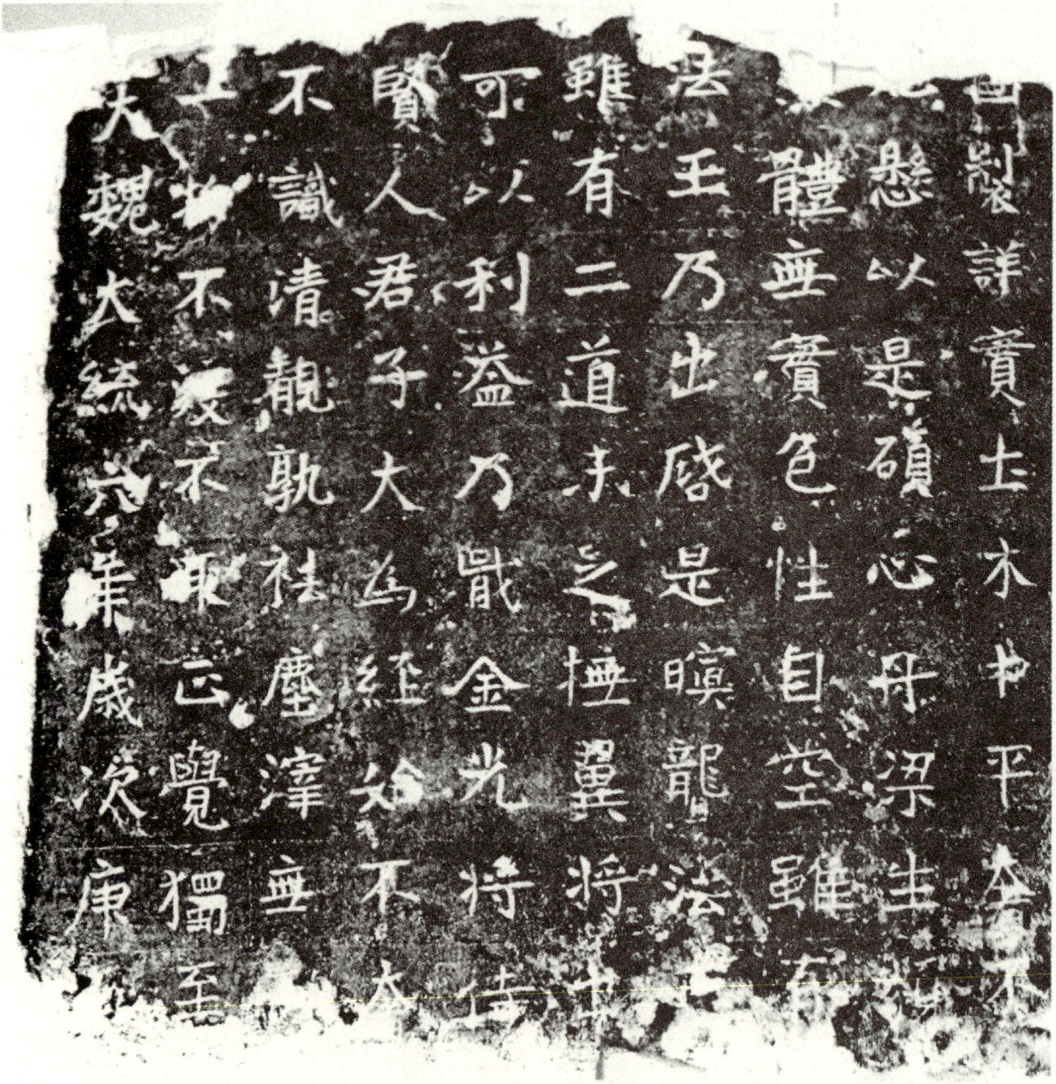

魏体书法在这个时候也早已摆脱了初期的纵横不群狂放不羁，度过了中期的面目纷呈多姿多彩，像一条冲出了九曲回肠的大河，驶入了一片展阔，显得和缓而平静。结字也规整了，用笔也顺遂了，点画的起伏也不显豁了。一贯规矩的墓志等记事碑愈发心平气和，而造像一类的文字书写也时常表现出温和适意，不事张扬的一面。《邑子七十六人造像碑》

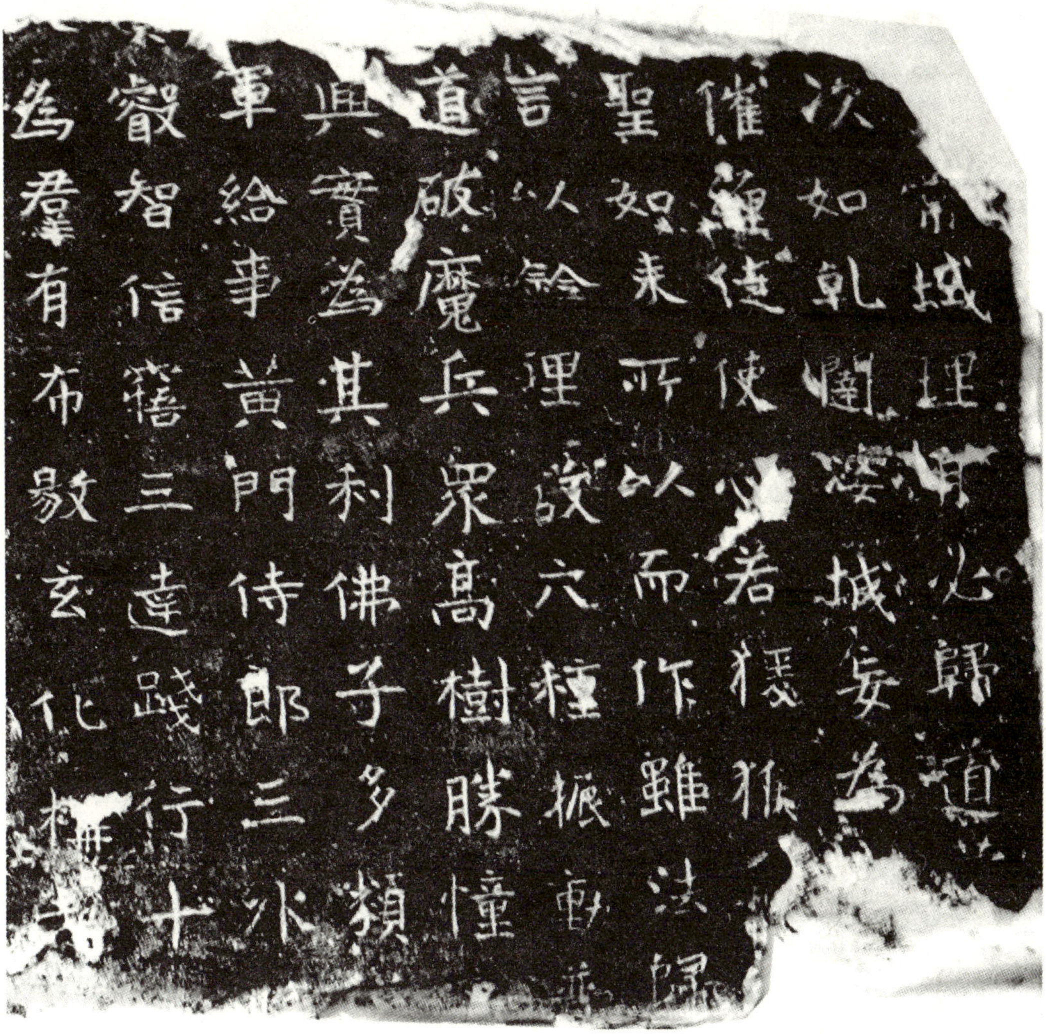

◎西魏《大统六年碑》

的风格便是如此。

这通碑子的文字是比较多的，在碑面上很集中，保存也完整。整个的书写用笔起止分明，轻重有致，丝丝入扣，契合法度，在北派的书写中表现出一种难得的不激不厉风规自远的逸气来。

对于这通碑子，我常常把它和《张僧妙法师碑》联系起来想。从书写技法和呈现出的风格上比较分析，我总觉得两通碑子的书刻者为一个人。《张僧妙法师碑》晚于此碑二十二年，面目变化不大，用笔更为有序，气息也更为入静。想一个地区的制碑刻碑的高手，绝对是东家邀西家请的，刻制的碑子决不是一通两通。要是才刻了一通两通，他的手艺也练不出来啊！

组织这样的演出，应该是为了表达信众崇敬的心情

《锜石珍造像碑》刻于北魏中晚期，为一通道教造像碑。该碑高130厘米，四面造像，碑的文字集中在左侧，为发愿文字。

这篇书法文字齐整，结构严谨，对此地区平画宽结的书风略有突破，加之刻写富有力度，一派规整中，却有茂密厚实之感。它似一个整齐威武的军阵，战士们个个精神饱满，威风凛凛，富有强大的冲击力和感染力。整篇用笔以方为主，偶有一两个笔画为圆笔，尤其是篇中“竖弯钩”的写法总是中锋使转，区别于一般魏碑的写法。在结字处理上很讲究揖让，用轻重来调整字的重心。在偏旁部首的搭配上不仅

有高低，有欹正，甚至还会有流动的草意。

帖是需要仔细去研读的。细细地品评，就能体会出它的优长，找出它的法度，总结出它的规律来。年轻时写字逮住帖就临，一个帖子从头至尾一口气不抄完不会抬头，现在再也不会有那份难得的情绪了。实际上，那样效率是很低的，可师长教导我们要读帖，要用心想着去写字的话，那时也听不进去啊！

还有，临帖终究是要临印刷品的，印刷的字帖能把碑子的特点全面地反映出来。你若去接触原刻石，很难看清楚它字口的黑白对比，甚至你还会产生出很大的心理落差来。尤其是到了耀县碑林，那实在不是一个热闹的地方，一群大小不一的碑子整日默默地站在那里，灰灰的，黑黑的，怎么也调动不起人们的情绪。即便是热闹的地方又能怎样？我有一年山东之行，去了曲阜，去了邹城，去了泰山。站在我写了多年的《张迁碑》前，我怎么都不相信，我那本写烂的字帖就是它？并不伟大嘛。而站在泰山刻石面前，它们也没有我想象中的冲击力。这当然是好多年前的事了，那时年轻，富有天真的想象。如果现在再去一趟，不知会产生什么样的想法。

《锜石珍造像碑》的碑阳和碑阴还散在着一些文字，为造像人的姓名，与碑侧的发愿文字书风一致。每一组文字的刻写似更为紧结，凝聚着一股坚强的力量。

这通碑子的碑阴上还镌刻有很有意思的图画。一为斗鸡图，一人双手支撑作倒立状，弯曲的腿上站着一只雄鸡。一

◎北魏《锜石珍造像碑》右侧文字部分

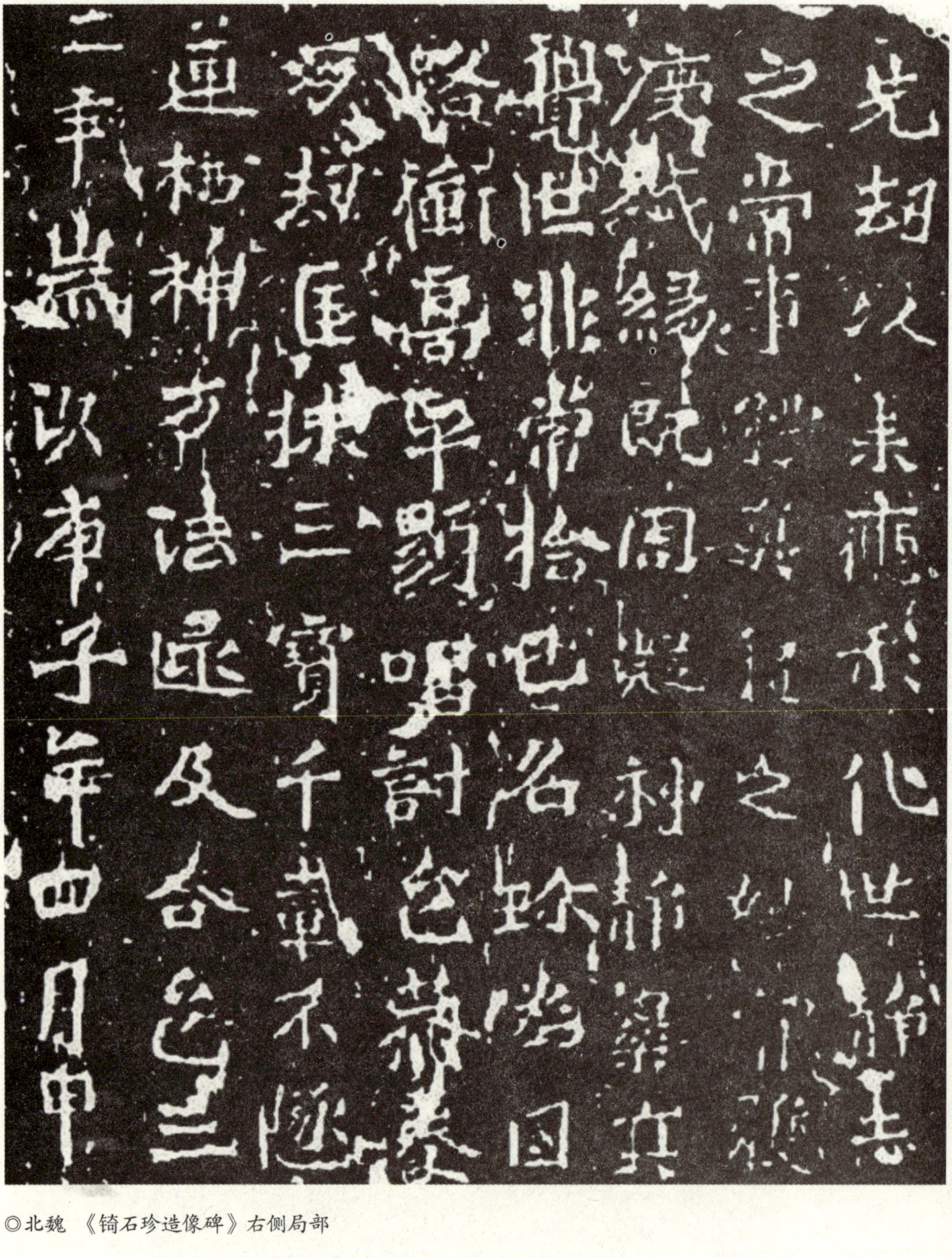

◎北魏 《锜石珍造像碑》右侧局部

为狗马友好图，一马做表演状，小狗静静欣赏。还有一幅虎豹争雄图，一虎昂首挺胸，一豹怒目视之。线刻表现的这些场景，大概也是法事活动的一部分。组织这样的演出，应该是为了表达信众崇敬的心情。

◎北魏《锜石珍造像碑》右侧局部

◎北魏《锜石珍造像碑》碑阴局部

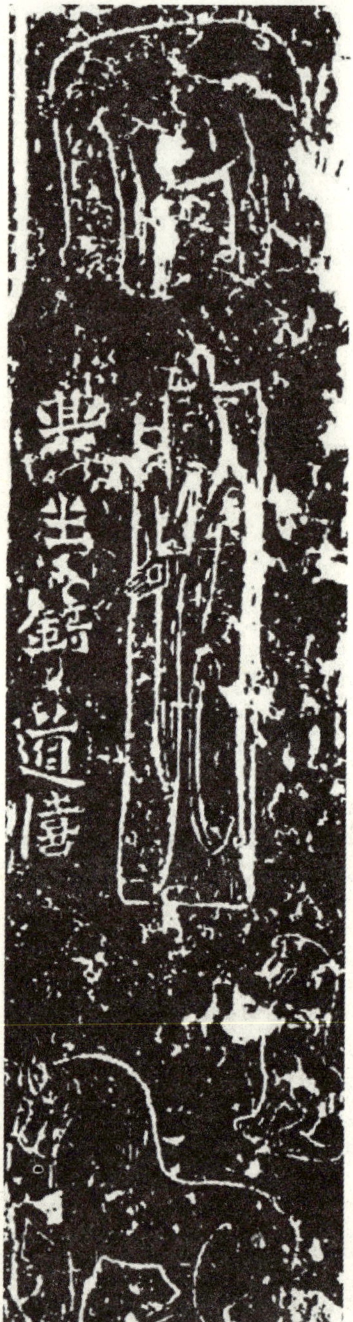
◎北魏《锜石珍造像碑》碑阴局部

这种潇散出尘的情致与道家的境界多么相近啊

在最初接触耀县碑林的这批碑子时，我多注意的是碑上的书法，哪个碑上的文字多，我就喜欢，而忽视了碑子上的造像，以及种种与宗教活动有关的内容。碑子上面的图画所包含的社会信息量是十分丰富的。其中，有一通碑子上面线刻有北朝时期大量的房屋，似是一处规模宏大的民居。西安建筑科技大学的一位教授看到后很是兴奋，他认为，碑子所表现的题材，为研究我国古代建筑提供了十分有价值的参考资料。

某一日，我喜欢上了这些碑子上的造像。我觉得龛中所供奉的一尊尊造像刀法生动洗练，姿态端庄闲详。尤其是那

◎北魏《魏文朗造像碑》左侧

◎北魏 《姚伯多兄弟造像碑》碑阳局部

些个曾在我心目中很遥远、很神秘的老君天尊们，随着一点一点对他们的了解，这些终日静止不动的造像忽然某一天在我心中鲜活了。他们变得那么亲近，那么寻常，我甚至觉得，他们就是一千多年前北朝时期这块土地上生活的人们中的某一个人，历史赋予了他们一种使命，是让他们对后之来者讲述过去，讲述未来，讲述现实与渴望，讲述天地之间不会停息的生命探寻与灵魂拷问的。他们其实就是一个过来人，是一个智者，整日端坐着，看日出日落云卷云舒，听风涛阵阵雨打松枝。芸芸众生们东奔西走上下求索，失去得到，喜怒哀乐，他们一切都看得到，也看得透。石头上的他们会用一种与众不同的方式去表达自己的心，让众生们去感悟，去获得一种力量。

◎北魏 《杨缦黑造像碑》碑阳局部

我希望这拂过满坡松柏的山风和跃出山涧的清泉，能滋养我一些宗教的情怀，这种潇散出尘的情致与道家的境界多么相近啊！其实，我最初的情感里是不接受道家的。我觉得，佛家正气、有大格，而道家抽象、太自我。最早接触道教知识，是儿时在那个杀伐的年代里阅读了供批判用而印刷的《水浒传》。家父告诉我，梁山好汉寻着排座次的三十六天罡星、七十二地煞星是道教信奉的星神。当时，读到小说结尾部分那一个个星辰都相继陨落时，哭得稀里哗啦的。及至后来又接触了一些文学作品，有行为不端的道士形象的描写，我还十分痛惜的遗憾，梁山好汉怎么依道教的星神排座次呢？

耀县碑林中，许多碑子的造像都保存得很完好，眉目清晰，富有神情，像《魏文朗造像碑》《姚伯多兄弟造像碑》《杨缦黑造像碑》《辅兰德造像碑》等等。这些道教造像碑或佛道融合的碑子上，老君或天尊的形象戴冠著袍，持麈尾

◎北周　《辅兰德造像碑》碑阴局部

或羽扇，超拔而又脱俗。看到这些形象、这个装束，你是否会忽然间想起“遥想公瑾当年，小乔初嫁了，雄姿英发。羽扇纶巾，谈笑间，樯橹灰飞烟灭”的诗句呢？

烧炼外丹从本质上来讲，其实是一种化学反应的实验

书圣王羲之就是一个五斗米道教徒。相传王羲之始创行草，是因为信奉道教懂得符箓之象。符箓是符的总称，符是道士所画的一种图形或线条，称能驱使鬼神，给人带来祸福，有很大的魔力。符箓取象于云行，故有云箓之称。王羲之是书法发展史上的枢纽般人物，信奉道教也是事实，但在书事上是否真正受到了道家符箓的影响，不得而知。

一个不可忽视的问题是，道教是中国传统文化中一个密不可分的组成部分，在中国传统文化的发展史上，有着不可忽视的影响与贡献。

相对来说，道教比较重视自然科学，在道家的思想体系

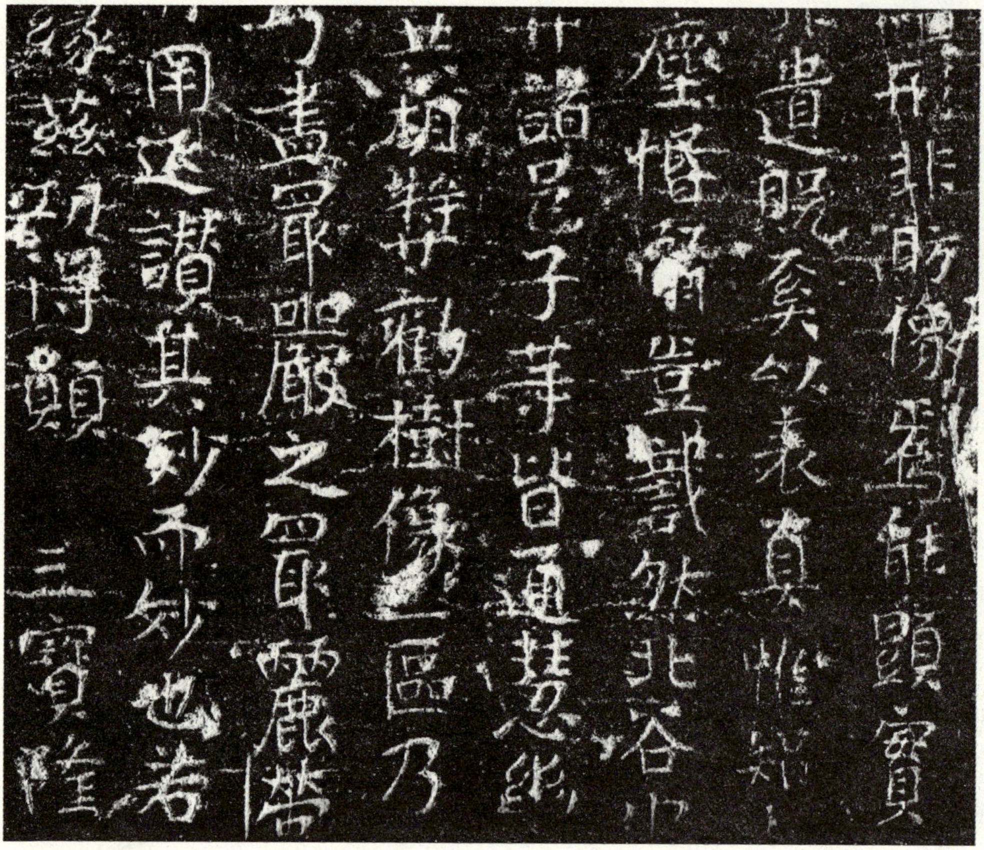

◎渭北地区新出土的北朝时期造像碑

中，既有唯心的一面，也有唯物的一面。但他们至少以实践在某种程度上丰富和发展了古代唯物的物质观，具有一定的历史进步性。譬如炼丹，过去寻常生活中总听说道士炼金丹吃死了人云云，炼丹这项道家宗教活动被视为成仙得道的手段，的确还是挺神秘的。“合丹当于名山之中，无人之地，结伴不过三人”。所谓金丹、仙丹，是指在炉鼎中烧炼铅汞等矿石及其他药物而成的化合物。丹药分为“点化”与“服食”两种，初步炼成的叫“丹头”，只能作点化用不能服食；继续再烧炼，便可成为可“服食”的丹药。古代人不了解金属的性质与人体性质的关系，金、银、汞等金属物质，

◎渭北地区新出土的北朝时期造像碑

由于其抗腐蚀性与常温下的稳定性，服食后是不能被人消化吸收的，而且，许多金属物质对人体是有剧毒的。因此，服用后命丧黄泉也是常有之事。而很多时候炼制金丹，祈求长生不老，那是统治者的意思，炼出了金丹自然是他们先受用。据说，唐朝的几个皇上都呜呼哀哉于此，也算是为科学研究与探索做了点儿不小的奉献吧。

烧炼外丹，从本质上来讲，其实是一种化学反应的实验。在实验的过程中，虽然没有得到能使人长生的仙丹，但却产生了许多重要的发明和发现，如“四大发明”之一的火药，还有烧酒。一位西方学者曾指出：“中国古代和中古代的医生和技士们的本领，比大多数汉学家愿意承认的强得多，人类历史上一些很基本的技术，正是从这块土地上生长起来的。只要深入挖掘，还可能找到更有价值的东西。”这里所指的，大多是和道家相关。

“气能存生，内丹也；药能固形，外丹也。”道士们在炼制外丹屡屡受挫后，渐趋重视炼内丹，不断探求种种延年益寿的养生方法。所谓“内丹”，是指以人体为炉鼎，以人身体中的精、气为原料，以神为运用，在自己身体中烧炼，使精、气、神凝聚不散而成为内丹。当然以为通过炼养能够成仙，长生不死，那只是幻想，不过通过炼养功术，确实能够健身、延年益寿。太极拳就是道教奉献给人们最宝贵的文化遗产。练内丹的许多思想内容和方法，都丰富了传统医学。“绵绵不绝微风里，内外丹成一弹指。”宋人的诗句道出了道家的风神，蛮令人向往的。

在中国历史的发展进程中，汉初的统治集团崇奉的清静无为的黄老思想，是不利于政权稳定的，“罢黜百家，独尊儒术”遂使儒教成为所谓的正统。统治者从自身的利益出发，在儒教的发展过程中，吸纳自己认为有用的，摈弃对自己不利的，这其中包括舍弃了对许多先秦诸子思想的继承。而道教则对许多先秦人物的著作和思想进行了很好的吸收，为我们研究古代思想提供了宝贵的材料。至于我们读到的文学作品，受道家思想影响的，多不胜数。“少无适俗韵，性本爱丘山……久在樊笼里，复得返自然。”多好！

耀县碑林的这批道教造像碑和佛道融合造像碑，蕴藏着

◎渭北地区新出土的北朝时期造像碑

◎渭北地区新出土的北朝时期造像碑

丰富的宗教文化知识，发散着迷人的文化气息，静静徜徉其间，默默阅读它们，会使人心胸渐开，心气渐平。有时会感到活在天地之间，我就是我，我又不是我，天地永恒，一切都将永恒。

汉字书法的复杂性丰富性在这里，汉字书法的美也在这里

平画宽结、展拓放任，是耀县碑林这批北碑总的结构特点，绝大多数碑子的书法很充分地表现出了这一艺术特点。若要从该碑林中找出结构为斜画紧结的碑子，还是一件挺不容易的事情。而它的存藏早晚的时间跨度要150余年，的确表现出了一个地域书写风格的恒定性。

仔细数来，《郭鲁胜造像碑》和《张安世造像碑》两通碑子，似可划入斜画紧结一类。《郭鲁胜造像碑》刻于北魏宣武帝延昌四年（公元515年），碑高100厘米。《张安世造像碑》刻于北魏孝明帝神龟年间（公元518—520年），碑高161厘米。两通碑子的文字都是比较多的。

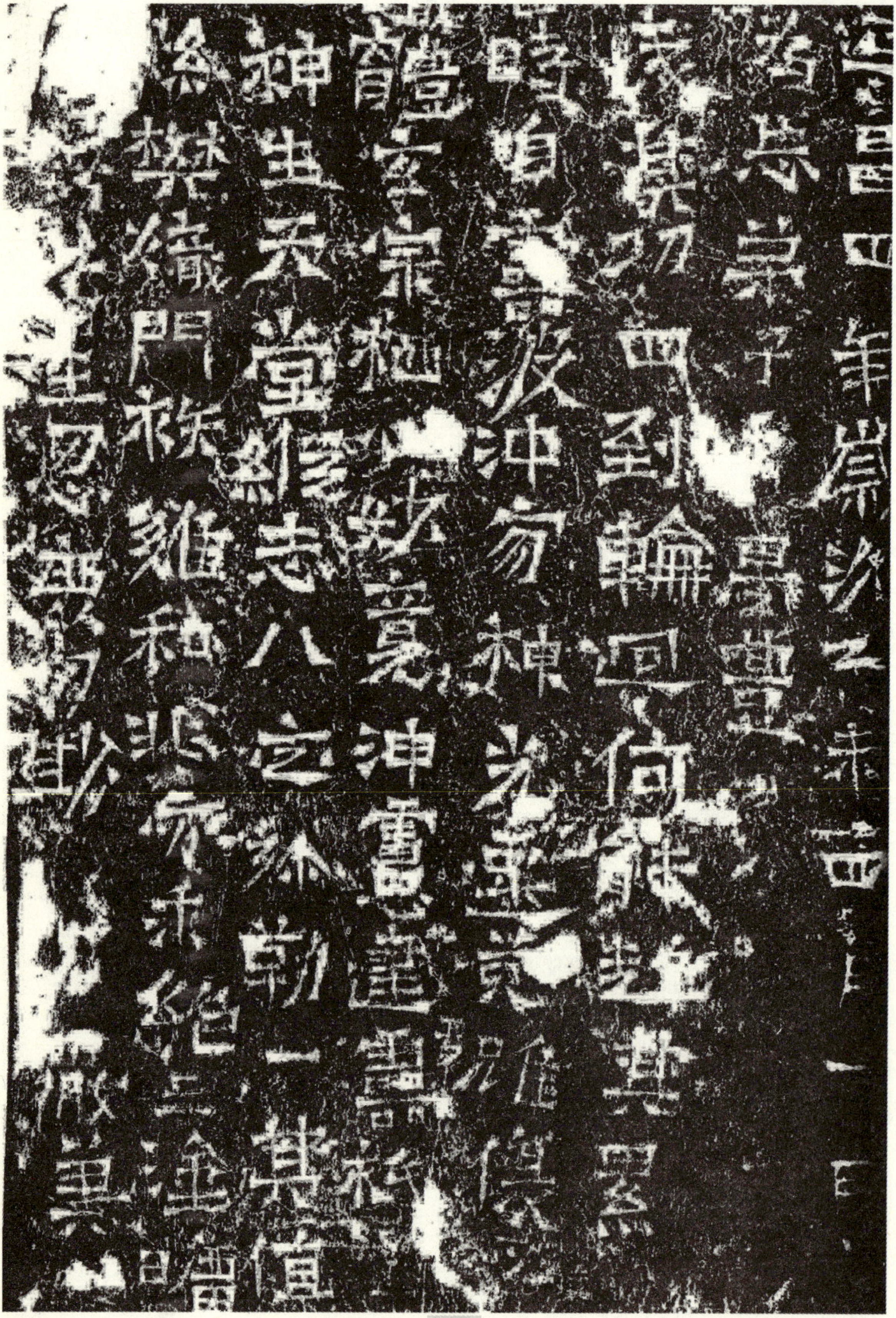

◎北魏　《郭鲁胜造像碑》右侧局部

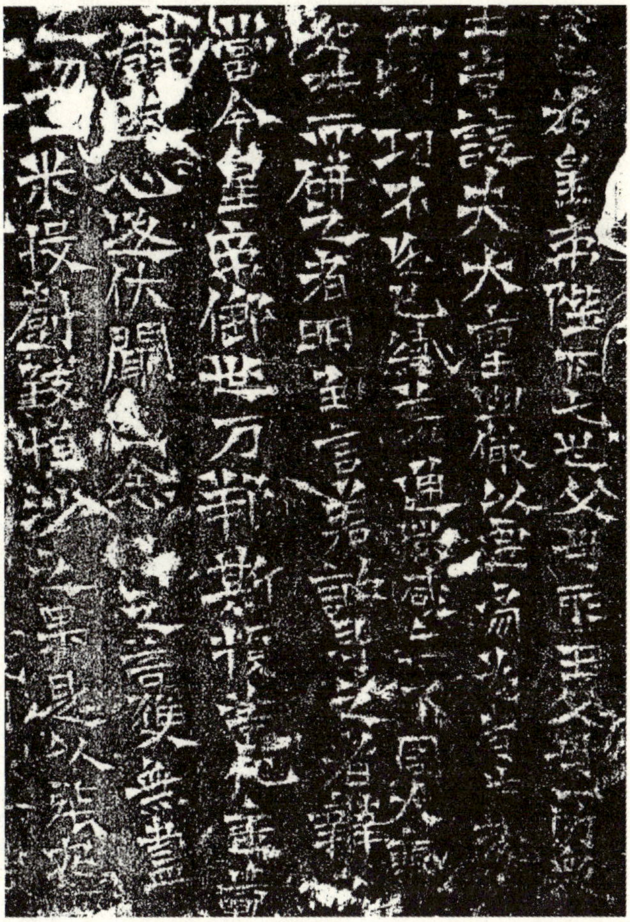

◎北魏《张安世造像碑》碑阳局部

这两通碑子的书写实际上很接近我们惯常所讲的魏碑，大刀阔斧，方起方收，沉稳挺拔，坚强有力。看到它们，会很自然地让人想起《龙门二十品》中的《始平公造像》之类。这类字的结构特点就是中宫紧收，四面辐射。它的横不是绝对的横，书写者是通过笔的轻重来调整重心的。而撇捺铺毫为之，着力顿按，舒展纵放，畅达大度。不是绝对的横平竖直，用笔的轻重有变，必定要求点画之间的搭配要有穿插避让。一有穿插避让，字就会生出险劲，一险劲就是力量。

《始平公造像》是有界格的，它的书写极为规矩，似

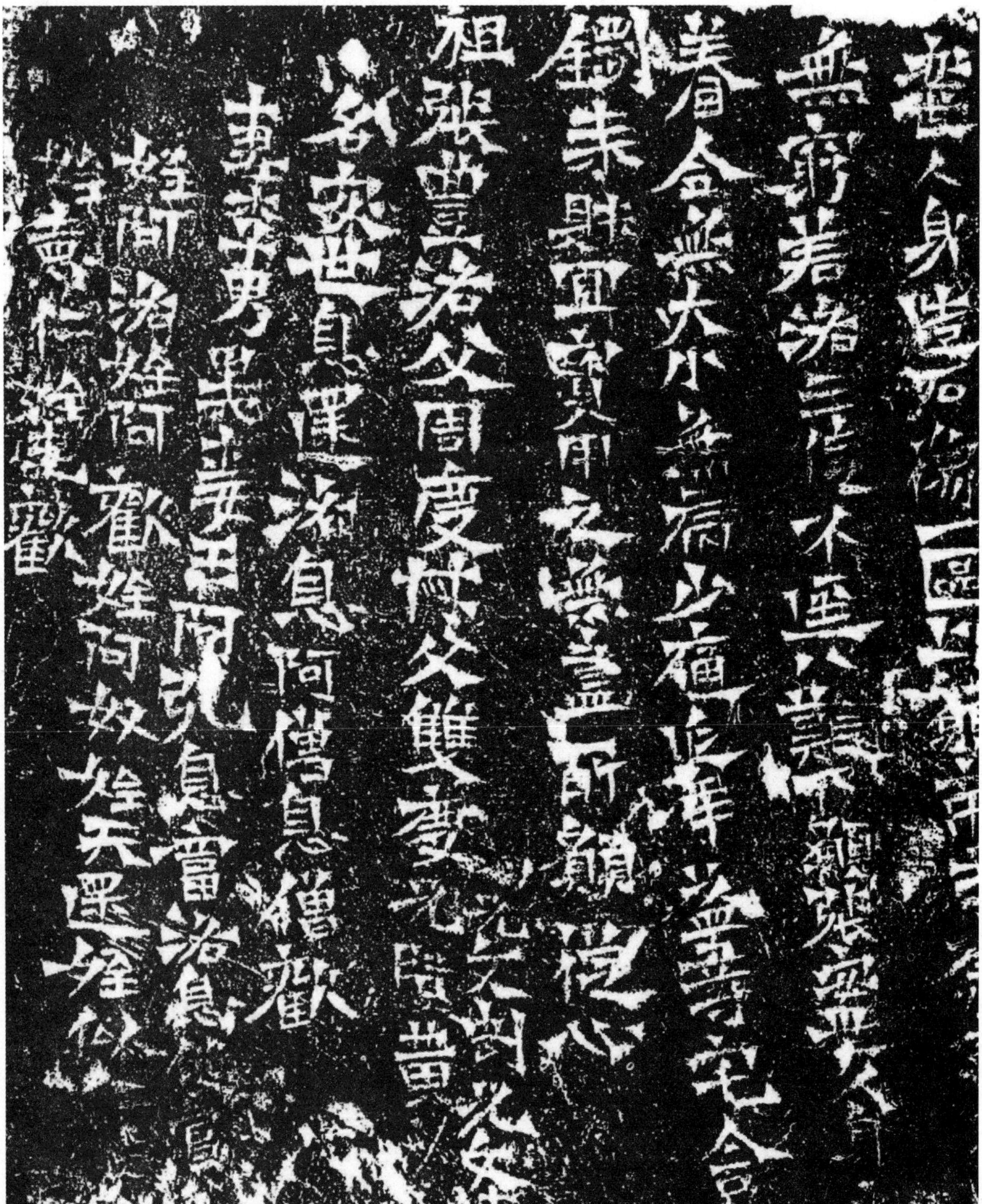

◎北魏 《张安世造像碑》碑阳局部

不敢越雷池半步。而《郭鲁胜造像碑》和《张安世造像碑》，无论在书写情绪和形式上，都已突破了它。《郭鲁胜造像碑》和《张安世造像碑》都是纵有行，横无列，在龛下一片茂密地堆砌着，似乎不计上下左右的位置感，一任情绪的狂放宣泄，整个的章法板结成一种坚强，有力地冲击着人们的视觉，让人推不开移不动，从而形成一种撼动人心的力量。在用笔上，刀工痕迹重，点画棱角森严，极意峻宕。尤其是起笔收笔的铺毫，较之《始平公造像》力度更大。把字写规矩了容易，由规矩到不规矩难。《郭鲁胜造像碑》和《张安世造像碑》的了无挂碍、一任情绪的自由奔放，对程式化的书写是

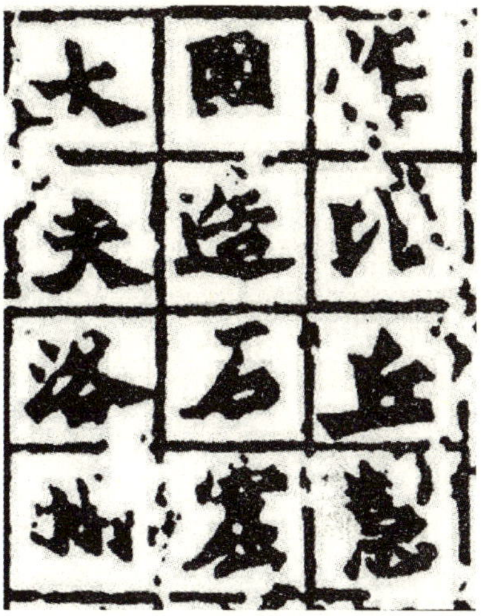

◎北魏 《始平公造像》局部

一种突破，在艺术上是难能可贵的。

我们说，耀县碑林的书法，普遍地呈现出了平画宽结的结构特点，鲜明地表现出了汉字书法由汉隶向唐楷转化的过程，这其实是道出了汉字发展的一个方面，或者说，表述是不完全的。汉字书法的发展史上始终存在两个系统，这两个系统艺术上的根本不同就在于结构特点的不同。就传统意义上的楷书来讲，一个代表性人物是王羲之，另一个就是始终与他对立的颜真卿。他们的不同点，不仅表现在用笔上，更在结构上。王羲之字为斜画紧结，上可追寻至钟繇等。颜真卿字是平画宽结，一路上溯，为隶字、篆书等。汉字书法的复杂性丰富性在这里，汉字书法的美也在这里。

从碑面颜色看，很少有人拓过

我们常讲，中华民族有悠久的历史、灿烂的文化，的确是这样。一个北朝，也就一百五六十年，竟为我们留下了为数众多的造像石。它们所蕴含的丰富的历史文化知识，成为了我们传统文化的一部分。整日吃着先人的饭，当然不能数典忘祖。但更重要的是，今天的我们在文化上会给同样一千余年后的人们留下什么呢？

整日生活在钢筋水泥丛林里的我们，被火车汽车运到了都江堰，我们感到了那是巧夺天工，那是无人能及的智慧。轮船又把我们运到了三峡，不，把一个一千年以后的人运到了三峡，我也不知道他会感到什么？也可能一千年以后的人

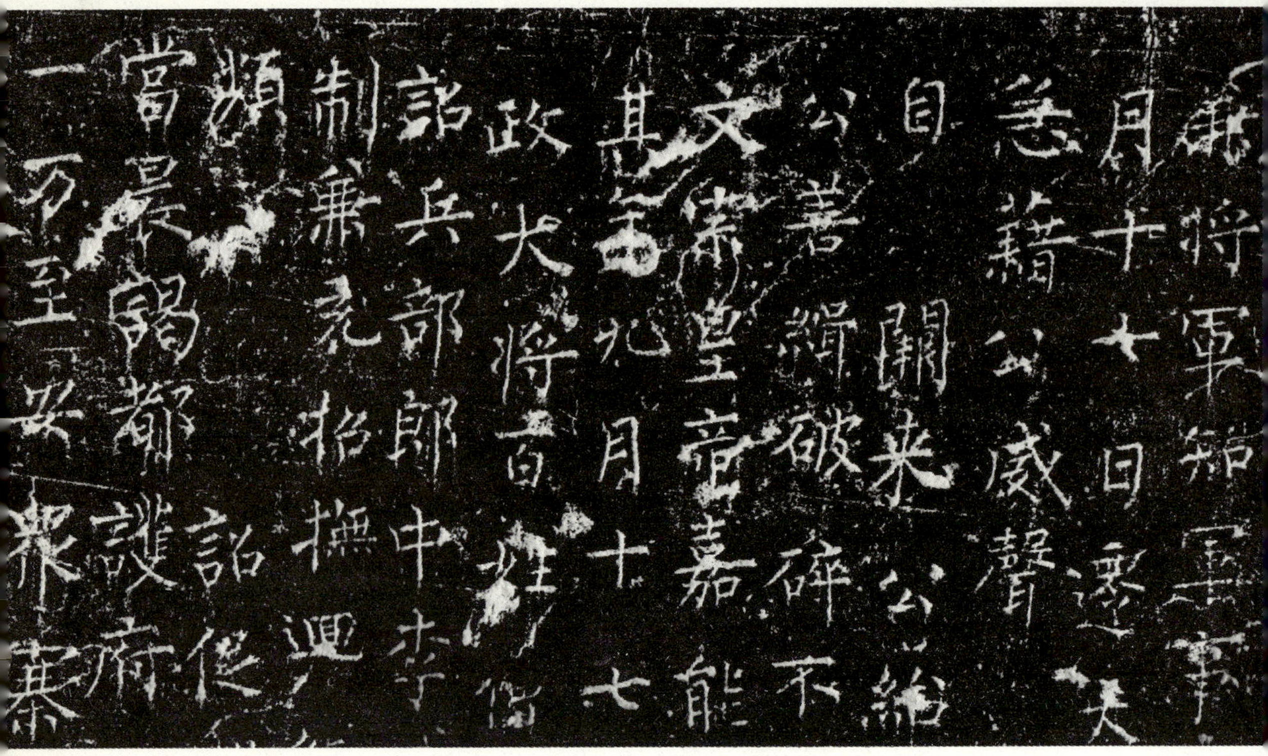

◎唐　柳公权　《司徒刘公碑》局部

游览三峡的时候，不会再有什么阻滞，新开发的能源已满足了社会的需要，他仍会在李白、杜甫美妙的诗意里，唱巫山巫峡，歌大江东去，一切都那么自然而然。

碑子和堰坝之类都是文化的实物载体，我们完全可以去作这样的联想。有时候，我还想，这北朝的人怎么偏爱石头。当局者反对厚葬，他就在地下玩墓志，当局者稍一放松，他就又开始在地上玩造像。北朝墓志有大量遗存，而造像碑的发现数量应该不在墓志之下。20世纪50年代初，河北曲阳修德寺遗址就出土两千二百多件。属于北朝者一半以上，其中有纪年的就有近二百通。

北朝的造像在渭河两岸的遗存也是比较多的，但关中道上我也去了不少地方，看到的却不多。事实上，很多县市存藏的一些碑石都没有往外展出，或是没有条件展出。若干年前的一次书法寻访活动，我意外地看到了一块北朝的造像碑。

那次永寿之行本来是冲着柳公权的一通碑子去的。永寿是陕西西部偏北的一个县，邻近甘肃。在这之前，我曾应邀

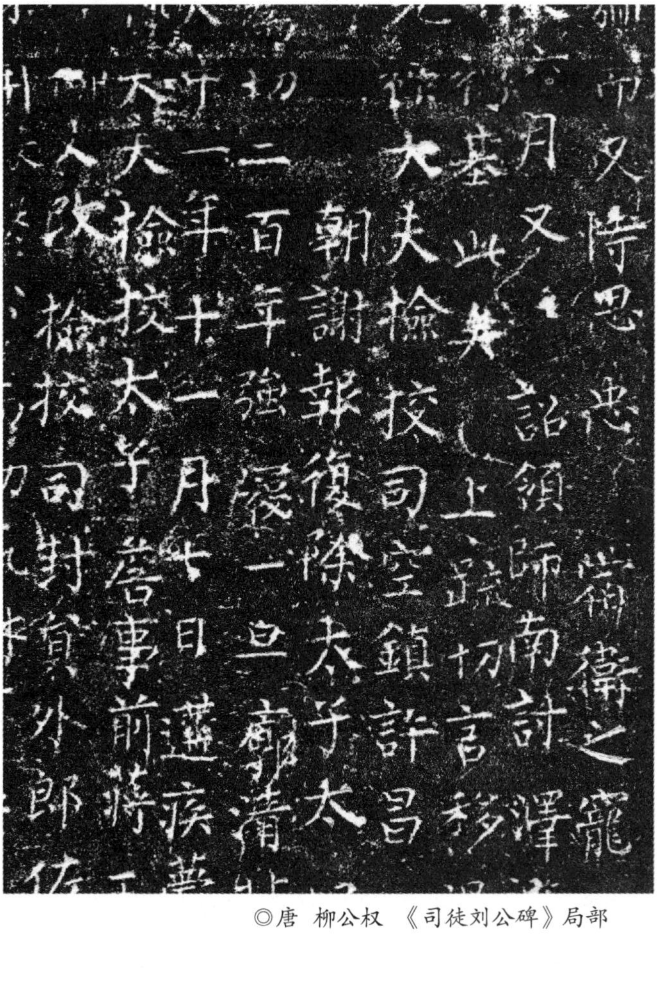

◎唐 柳公权 《司徒刘公碑》局部

来这里做过一次文学活动。在县文化馆，与一通柳公权的碑子不期而遇。那是柳公权为一位“司徒刘公”写的记事碑，曾立于其墓之神道上。而今移至县文化馆保存，并建了碑亭。大唐的功德碑形制上自然要比北朝的那些民间的造像碑气派多了，字是柳字临近成熟期的书写，有麻钱大小。碑的中下部分残损厉害，其余尚好。

自见过了这通碑子我就念念不忘了。终于，友情为重，我可以去拓回一张了。我肯定要叫上军勤，我多年的好朋友，当下关中地区一流的拓工。车子向西北开，我的心像高速路一样流畅。很顺利地了了我的心愿，看看库房吧，于是，我看到了那通北朝的造像碑。

碑子高一米多一点儿的样子，就立在库房靠门口的墙壁上。没有碑首，也没有纹饰，只有造像和文字。所用的石头近似粗沙石，颜色泛绿。碑面风化剥落严重，有些地方还在起层，手都不敢去碰它。碑子也看不清了纪年，所留文字集中在中间部分。

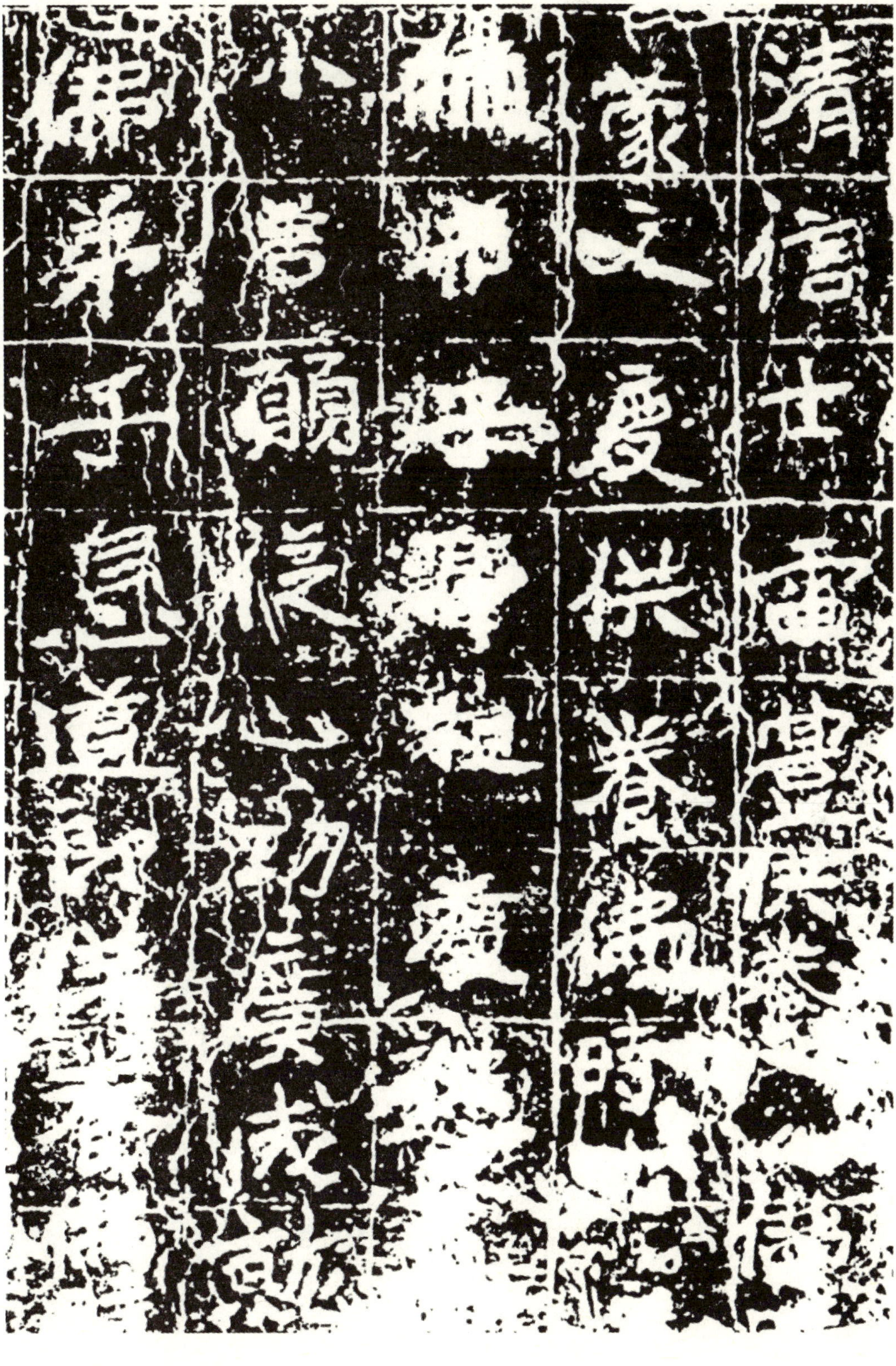

◎北魏《夫蒙文庆造像碑》碑阴局部

从碑面颜色看，很少有人拓过，我自然也不能去造孽，倒有一种深深的怜惜之情，久久浮在心头，挥之不去。

这通碑子的书法平和秀美，风格与耀县碑林的《夫蒙文庆造像碑》相近。

我很乐意让朋友们对我在此写到的两通碑子作个比较

《广武将军碑》刻于前秦建元四年（公元368年）。书法在楷隶之间，松弛的书写中流露出些许稚气，就艺术质量而言，实属一般。但我不知道于右任老先生究竟看上了它的什么，推崇备至，赞誉有加。把它和《姚伯多兄弟造像碑》、北周的《慕容恩碑》并称魏碑三绝。此碑隐去，他睡不着觉。此碑复出，他歌而赞之："慕容文重庾开府，道家像贵姚伯多，增以广武真三绝。"

增什么啊？相信它自己都不敢往《姚伯多兄弟造像碑》那个阵容里面站。若说于老先生是乡情，那个广东的康南海也赞之为"关中楷隶之冠"，谁知道他讲这话的动机是什

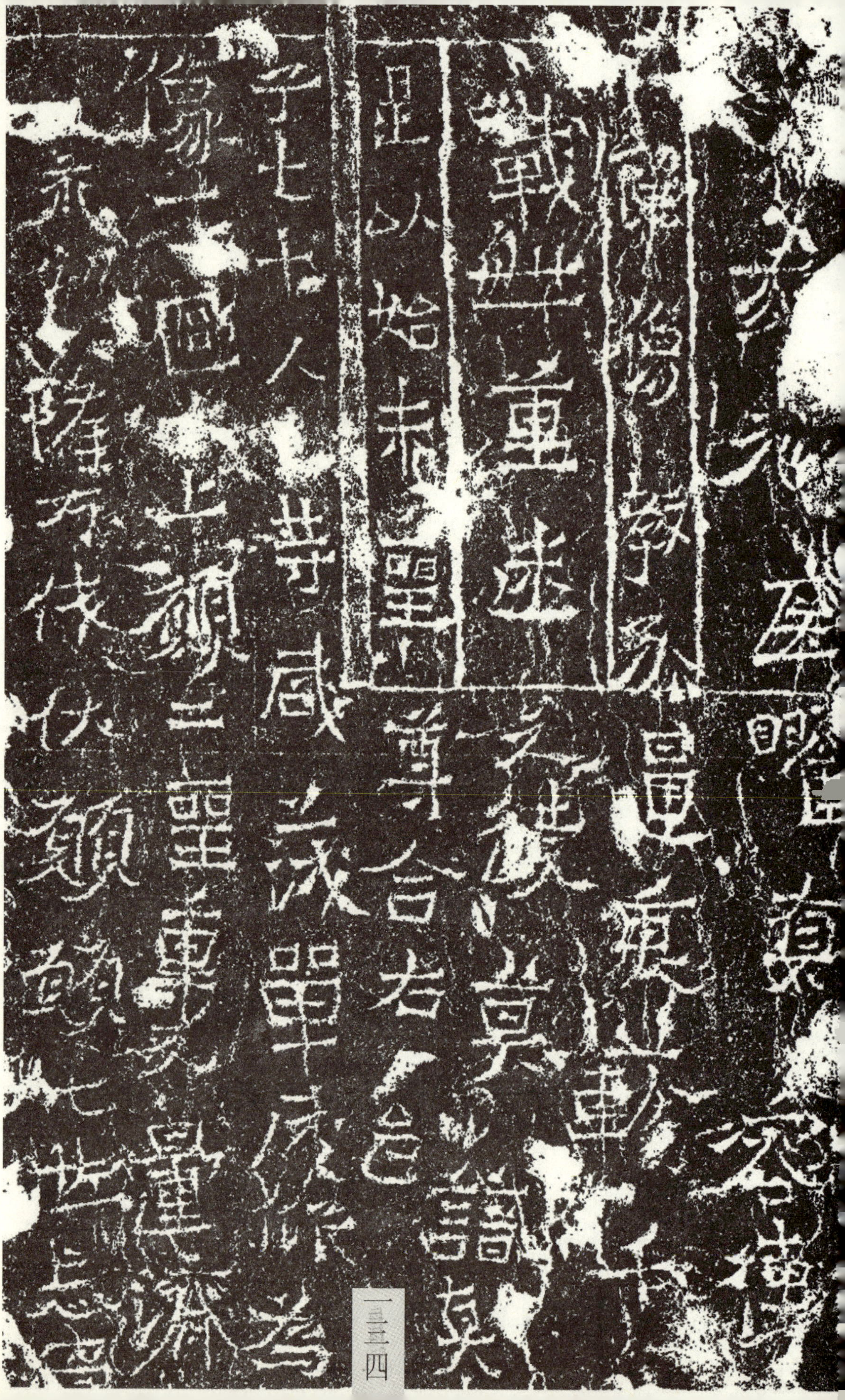

◎北魏《邑子七十人造像碑》右側局部

么？这个老夫子到了陕地曾传出过对某心仪的帖子顺手牵羊的绯闻，我给他介绍一通耀县碑林的碑子，让这个康大人开开眼。

《邑子七十人造像碑》是一通佛教造像碑，刻于北魏晚期的孝明帝熙平年间。碑高116厘米，宽90厘米，厚30厘米。三面刻，供养人姓名和发愿文的文字集中在左侧下部。

这个碑的书写开阔宽博，意态横生，稚拙里寓着苍茫大气，凝重中不失天真意趣。点画工稳，尤其是在该着力处笔笔送到，法度的着意恪守使得笔意愈加显豁。大气开张的字并不因为线条的舒展而使法度涣散，这一点尤为难得。譬如“像”字的书写，收左放右，右下的夸张使得气势骤增。但放开的线条笔笔力到，笔笔讲究，且富于变化。请看它三个撇的起笔、行笔、收笔是不一样的，轻重的着力点也是不同的；同时，三个撇的线条形态也是各有姿态。而右侧的长点和捺则更为美妙，首先是短促，与三撇的悠长形成对比，简约又与三撇

◎北魏 《邑子七十人造像碑》右侧局部

的茂密形成映衬。长点与捺也区别一般，上点易为竖，而捺几乎处理成横。再看这两个点画的笔法，多么讲究，像两个出锋，交代得多么清晰。

北朝造像碑中，魏隶之间的字不少，或是魏隶，或是隶魏。但用隶必须是隶意隶法，用魏必须是魏意魏法，书者腕下有机相融，灵活运用，自是面目不俗，新意迭出。但不能忽视法度，做简单书写，更不能心中无数，笔下发昏。

我觉得，此碑的章法也应该给我们以启示，点画移位的幅度大，但字的重心平稳，字的左突右创而行的中心线不偏；同时，它的用笔起伏也不大。即使这样，仍给阅读者形成了极大的视觉冲击力。

有时候，我们常常感

◎前秦 《广武将军碑》局部

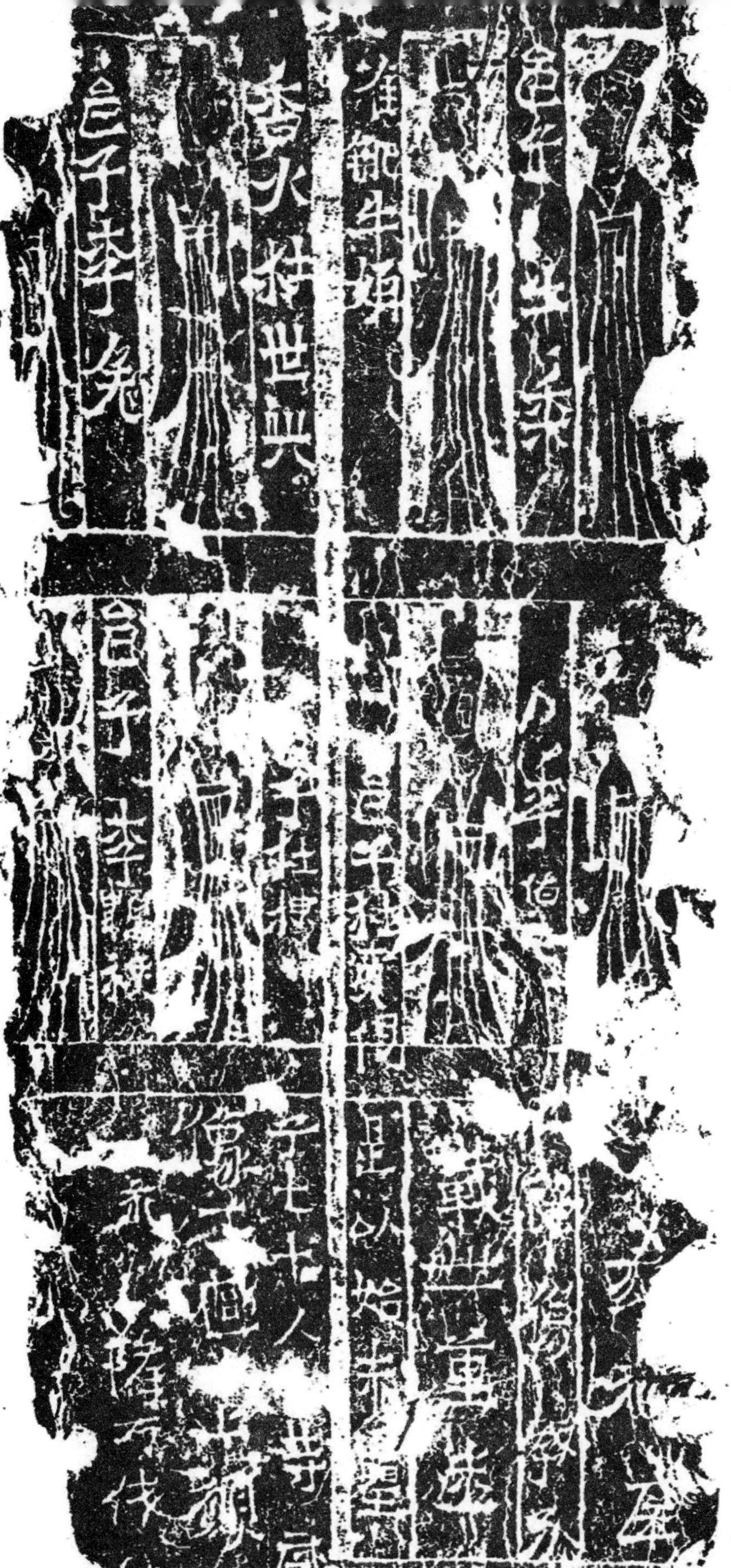

◎北魏《邑子七十人造像碑》左侧局部

叹，真不知北朝造像碑的书刻者是如何出招的！是的，他们是手段高。正因为是高手，所以从来不随便出招。一旦招出，就让你意想不到，就让你防不胜防。当然，北朝的书刻者，手段也是有高下之分的。我很乐意让朋友们对我在此写到的两通碑子做个比较。

域外的他们也意外看到了满眼新奇的东西

北朝时期，羌、氐、鲜卑等少数民族早已南下扩展，以其强悍大规模地运动于关中地区。他们筑房屋，成村堡，与汉民族杂居。渭北这一带正是他们热衷经营的地方。这种背井离乡长距离的迁徙，或者说是攻伐，日子肯定是不能平静的。但是，域外的他们也意外看到了满眼新奇的东西。譬如石碑上可以敬请神灵，譬如用神奇的汉字还可以把自己的名字写上去，把自己的心愿写上去。

耀县碑林的北朝碑子，大多数有少数民族参与，有很多的碑子为一个少数民族家族所制。在这些造像碑中，我们常见的羌姓氏有雷、夫蒙、姚、荔非等；氐姓氏有杨、吕、

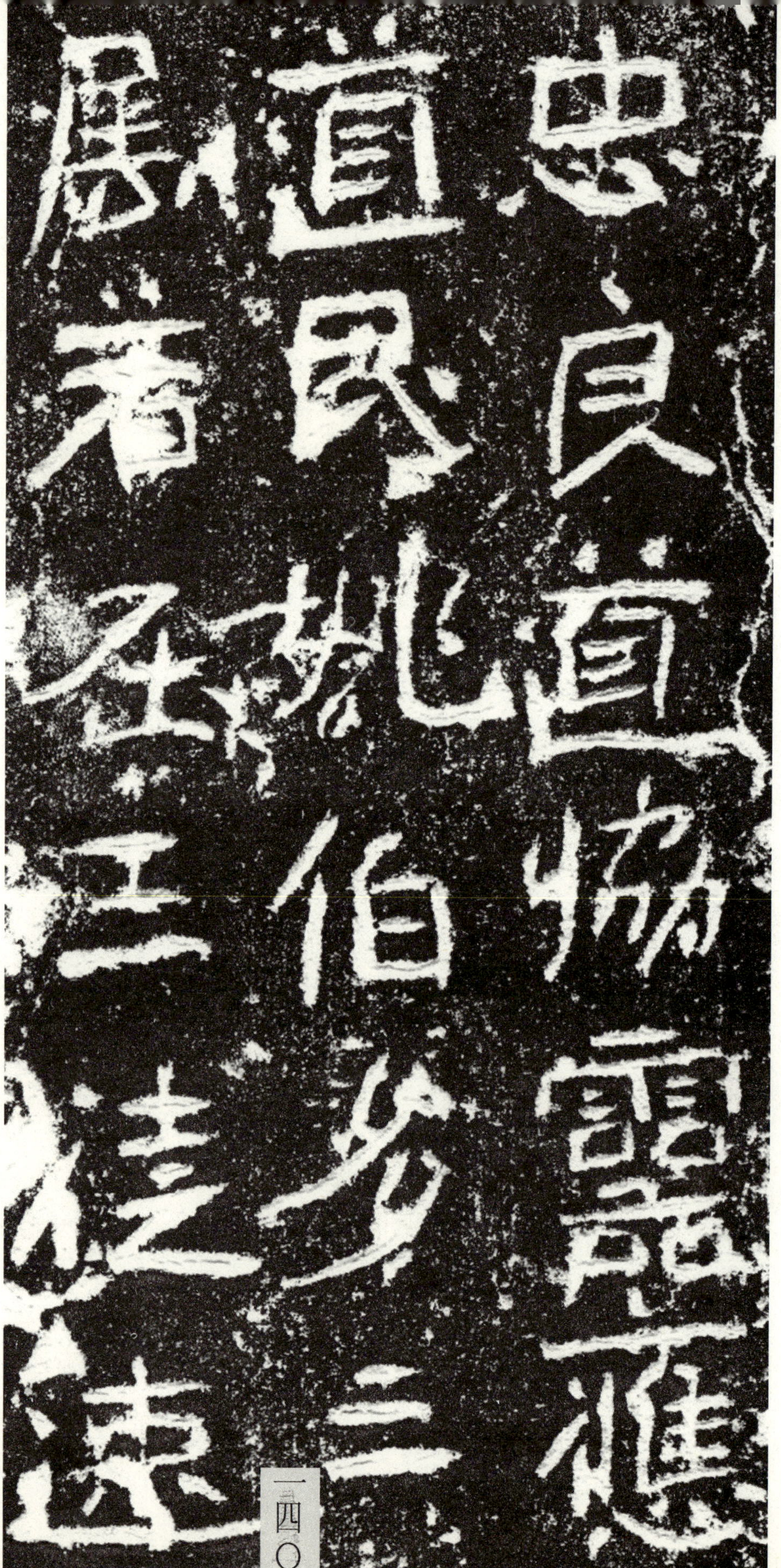

◎北魏《姚伯多兄弟造像碑》左侧局部

◎北魏 《龙门三十二人等造像碑》局部

◎北魏 《邑子七十人造像碑》局部

仇、毛等；匈奴姓氏有张、盖、刘等。

让我们惊奇和喜悦的是，耀县碑林的这批北朝造像碑的书法，不仅表现出了雄强生辣拙朴的一面，更有着雅致平和柔媚之美。

南北朝时期的民族大融合只一百多年就完成了。带着内徙的少数民族的情性和意志，汉字书法在北中国瞬间硬朗了，也大气了。矫枉不须过正，中央之国的人崇尚的是老夫子的中庸之道，艺术观念也不尚极至，宜中和为美。这样，“邙山体”就有点儿过了（俗说的邙山体是指北朝斜画紧结一类的书作），而耀县碑林的书风浓淡相宜。

我们不妨把《始平公造像》和《姚伯多兄弟造像碑》作个比较。前者力道十足，但总让人有剑拔弩张的紧张感，一味的方笔让人不得近身。而后者骨力内含，刚健婀娜，恰当的中锋，适度的圆笔，生发出一派温和与亲切的气息。

同样是一个“天”字，而《龙门二十品》中的《三十二人等造像记》与耀县碑林《邑子七十人造像碑》的写法不同，审美效果也不一样。横都是方笔，都具力度，前者是标准的“邙山体”写法，即起笔处上翘，收笔处下顿回收，有使气斗狠之感。而后者用笔起伏不大，隶意出锋，颇有优雅之风。相较撇捺两者直则生硬，曲有姿态。

魏碑的强硬风格中，有一点灵动和灵秀当然可贵。同样是经受外来文化的冲击，并不是羌、氐之辈对这块土地奈何不得，地域文化的风格形成自有它内在的原因。从书法的艺术上来讲，还是与这批碑子平画宽结的结构有关。横平竖直易生宽博平和，中宫放松消弭了过度的紧张之感，浓郁的隶意平添了几分古雅，当然让人喜欢。其次，这里的石质细腻温润，书刻者的心情当然优哉游哉。清中晚期以来，出土的造像石很多，石质多不佳。面对粗糙，书刻者当然不会有闲适的心情，刀笔之下的急躁是可以理解的。

寻找一份属于我们自己的轻柔舒展与空灵飘逸来

在耀县碑林众多北朝碑子的书写中，《蒙显达造像碑》的风格最为奇逸。其适度趋长的结体，方圆兼使的用笔，纯以锋行的表现，轻松书写的流动感，充分地表现出了书者的精神向往和心灵快乐。

此碑的发愿文字共七行，最为精彩的是第三行“宜君郡黄堡县”一小节。“郡”字左右疏宕，平整的结构写出了开张之大气，右耳朵的点画也拒绝了拘谨，写出了跌宕。易“黄”字下面的两点为撇捺，舒展奔放。适当的拉长单立人，变上下结构为左右结构，笔致处理极为放松，像那一长撇、又一短撇，都有了无挂碍、翩翩欲仙之意。

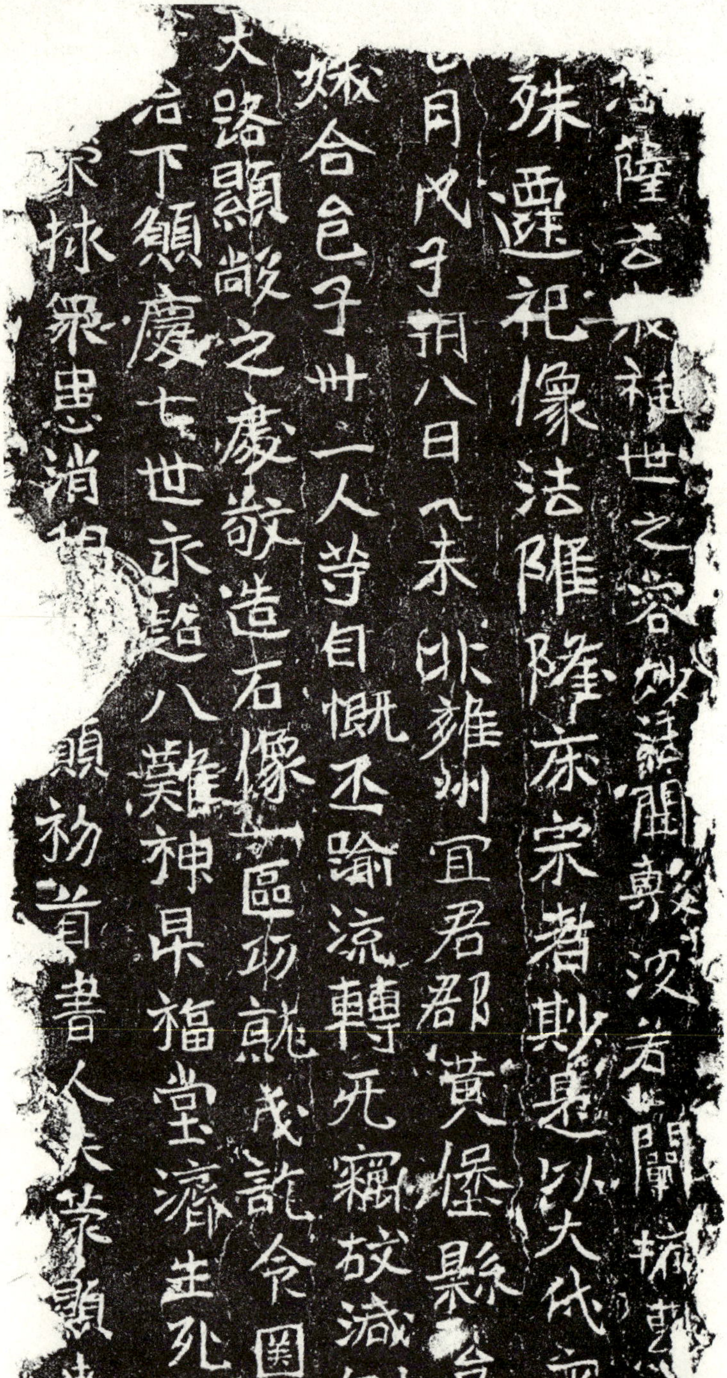

◎北魏《蒙显达造像碑》左侧文字部分

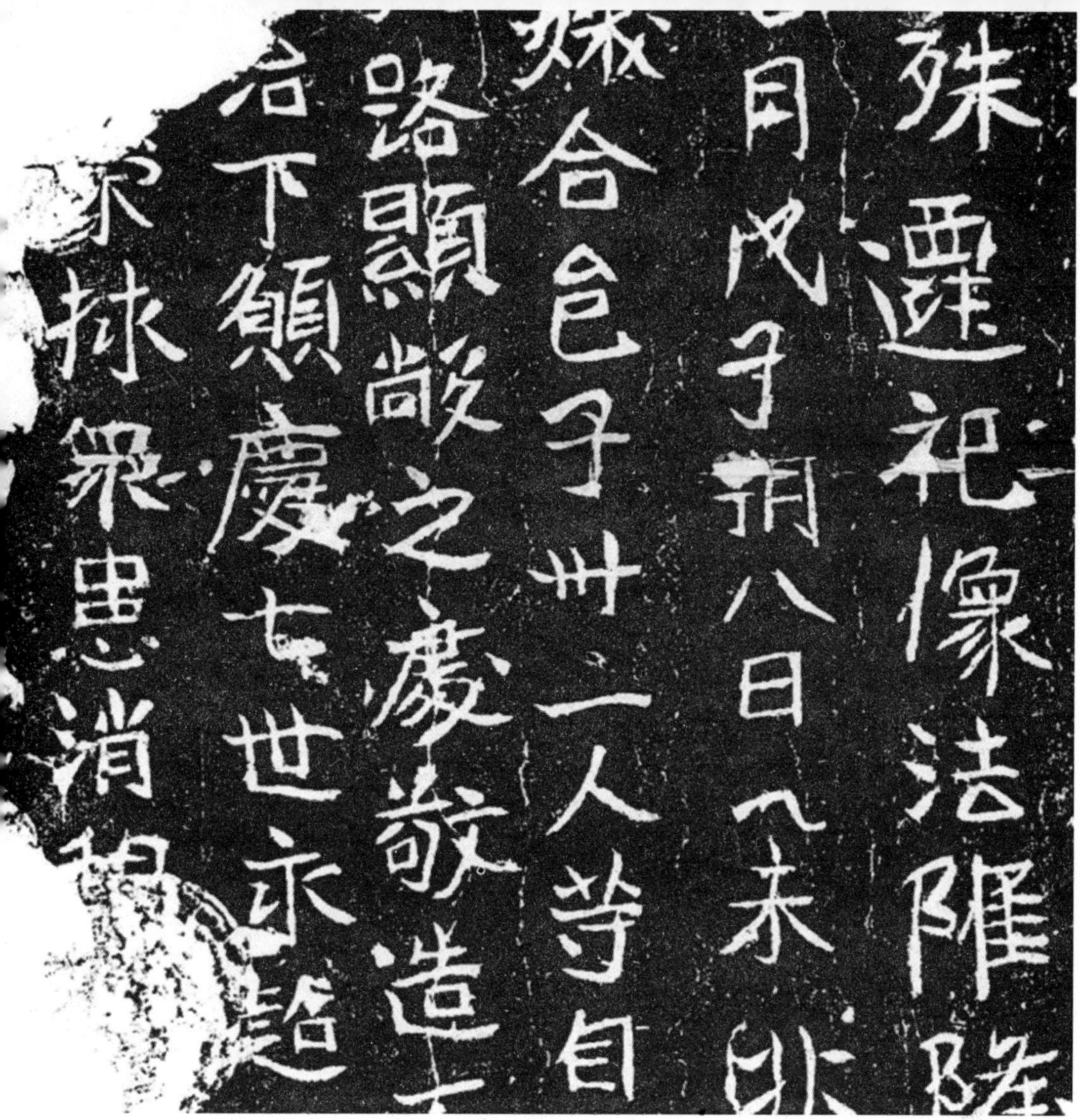

◎北魏 《蒙显达造像碑》左侧局部

写奇逸之字，胸中要有奇逸之气，笔下才能超拔，才能脱俗。很显然，这样要拒绝用笔的过度提按，而对锋的讲究，则会使点画更为细腻，更为传神。所以，我们不难理解该碑中的许多结构比较平板的字，为什么书刻者会把它处理得有了飞动之意，从形式上为我们创造了最美妙的时空感觉；也不难理解了书刻者的刀笔之下，看似寻常之笔，常人却难以企及，能得其形，难得其意。经典的笔下之神，我们

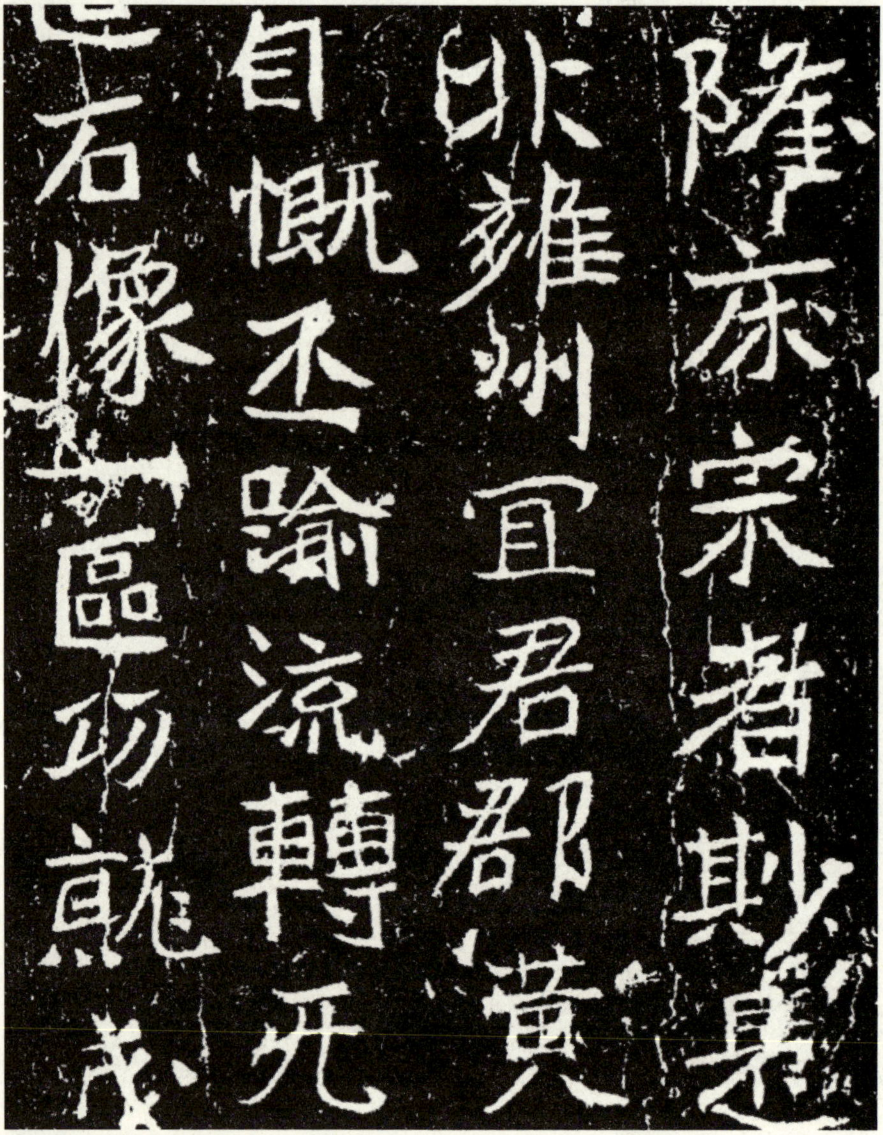

◎北魏 《蒙显达造像碑》左侧局部

的笔墨真的是难以获之。

耀县碑林的书写，就整体而言，还是比较规整的，这与一般的造像碑的随意流便有所不同。《蒙显达造像碑》所表现出来的个性特点就比较难得了。“汝欲要学诗，功夫在诗外”，说明了艺术创作和某些客观事物之间有着微妙的联系。一幅好字需要有好的书写状态，但这种好的书写状态不是凭空而来的，面对一幅好的书作，我们的学习不应该停留在表面，更应该透过书迹用心去体会维系于笔墨之外的潜在因素。

观此碑，对我们的另外一个启示是，我们今天的字还是要力求避免一些僵硬，努力写出一些姿态，写出一些飘逸来。晋唐以降，书写的规范不断严谨，法则不断完善，但体

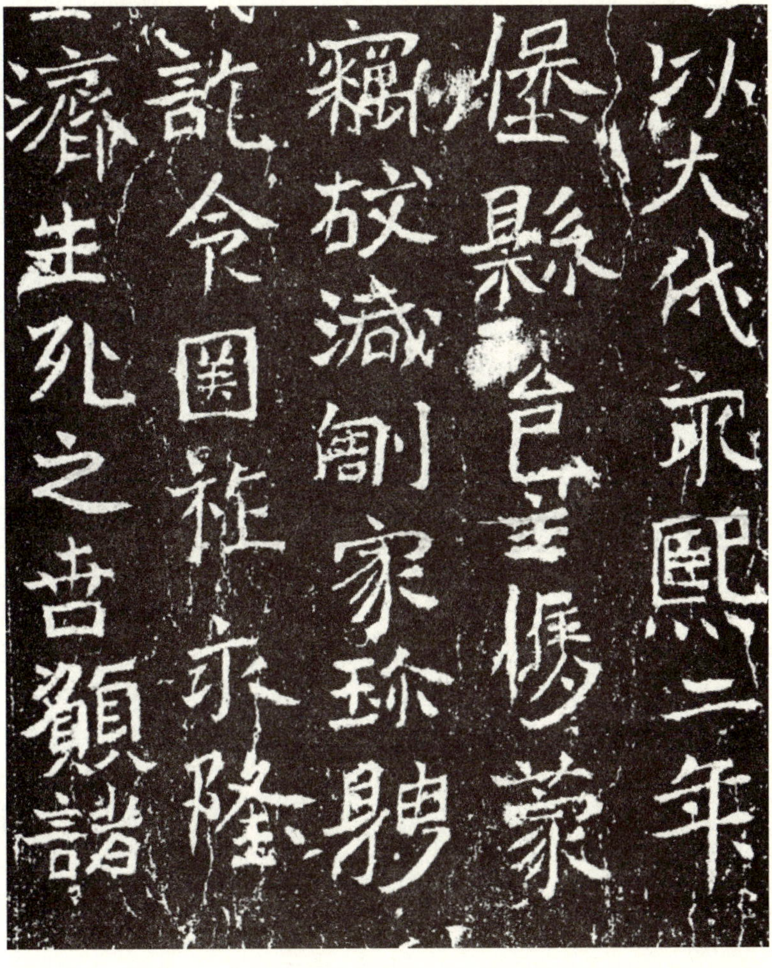

◎北魏 《蒙显达造像碑》左侧局部

势越来越趋于规整，相应的字的风姿神韵受到削减。我们在检索经典的时候，应该让《蒙显达造像碑》一类的书写引起我们的深思，轻灵优雅而不失法度的笔致，云鹤海鸥任性自由的姿态，一如信手拈来，却又匠心独具。我们也应该努力让我们的心飞翔，丢弃滞重，寻找一份属于我们自己的轻柔舒展与空灵飘逸来。

还应该说明的一点，《蒙显达造像碑》的书写所保留的隶意是比较少的，这与耀县碑林的其他碑子也有所不同。它的点画已非常接近成熟的魏碑了，尤其是勾的写法。还有横的起笔、行笔、收笔，相对来说，还是表现出了顿挫，也已经很有些标准魏碑的意味了。

◎北魏《蒙显达造像碑》左侧局部

我们思接千载，
与先人们发生美好的晤对

制碑造像，敬佛事神，那是一件庄严神圣的大事情，很显然，碑子当初的模样一定是很讲究、很气派的，不可能是我们今天看到的这些光秃秃的情形。

在耀县碑林一百多通佛道造像碑中，仍有一通北魏的造像碑，其形制比较完整地保存了下来，让我们有幸能在一千多年后的今天，一睹造像碑石的全貌。

高大的《青龙造像碑》就伫立在耀县碑林主展室第三排正中的位置。坚实厚重的碑座抬举着的碑身，上端覆盖着宽大的碑首。碑首似有古建筑的挑檐之意。这通碑子的碑面内容保存得也比较完好。上部的龛形眉饰清晰且华丽，造像丰满，神情端详。下部的供养人像各有姿态，题名，以及发愿文字散落在碑面上。碑座、碑身、碑首，一个完整的碑子足有两米半高，站在它的面前需要仰视。遥想当年，你完全可以体会到它的尊贵和威严。

真的难以想象，这通碑子是如何穿越了一千五百年的历史风雨，身首俱全地走到了今天。凭着它所提供给我们的信息，让我们思接千载，与我们的先人发生美好的晤对。还难以想象，这块土地上的一代一代人又是如何面对这些碑石的。他们的宗教信仰如何？他们的文化意识几多？一个个寒来暑往，一次次皇权易手，终是物是人非，它们随着历史走到了今天。

我们知道，有些碑石是埋在地下，有镢头与锨之类，才使得它们重回人间。也有的本来就在地面，而人们用它们来砌了墙，垒了猪圈，等等，命运不一。我从有些资料上看到的“某碑为某氏家藏”云云，我不好想象是什么情形。而这通《青龙造像碑》的碑面上，排笔墨汁刷的“禁烟入场”四个大字还清晰可辨，这为我们追溯它的身世提供了很有意思的联想。

当然，有些碑子制成之始，也并不像《青龙造像碑》这么华丽气派，如耀县碑林的《姚伯多兄弟造像碑》《刘文朗造像碑》《杨缦黑造像碑》《杨阿绍造像碑》等。少了碑首，也没有碑座，布局简单，缺少装饰，整个碑石的加工都比较粗糙。因为这批碑子产生于孝文帝迁都洛阳前后的几年当中。在这之前的六七十年间，北方一块造像碑也没立起来

先人们发生
美好的晤对

◎北魏《青龙造像碑》

过。太武帝的脾气，他不让做的事情谁还敢干？要脑袋啊。再干，也只能是事过境迁烟消云散之后了。悄悄地干，从简单开始做起。这批碑子就是这个过渡时期的产物。而且，还多是道教的造像碑，大概也是想让道家先探探路吧。也可能是道教在那个时期有好一些的处境，不红但也不至于黑到佛教的份儿上吧。

一个阶段以后，造像碑又开始讲究了，碑首碑座，以及繁复华美的饰纹，家族出行的场面宏大阔绰，众多的供养人分层排列。《青龙造像碑》刻于北魏正光四年（公元523年），正可谓是这个时期的代表性刻石。

最近，我又一次去造访了耀县碑林，听友人讲，该地区又发现了十来通造像碑，都在老百姓手里。朋友是专家，这些人家都请他去看过。他说，这些碑子大都品相很好，书法亦佳。我听了自然高兴。果然，从景区商贩那里我见到了一通碑子的拓片。碑子不大，四面造像，书法稚拙之极。我也挺担心这些碑子的命运，藏宝于民也好。

对传统继承的选择性与摆脱其制约性，在考验着每一位学习者

《吴树兄弟造像碑》是较早引起我注意的一块碑子，这完全是缘于它碑子右侧那通身齐整的文字。

这篇发愿文字数多，书刻精整，法度谨严，笔意甚浓，为北魏书法的上乘之作。碑面保存完好，字口清晰，面对如此众多且面目清晰的书写，禁不住让人心生喜爱之情。这篇文字的书写，是完全可以作为习书的法帖，像“辅佐州郡令长治化”一小节，可谓八法具备，且结体优美，变化多端。若经常读之悟之，临之习之，必定受益匪浅。魏碑中有许多碑子的书刻也非常有特点，但只能适合去欣赏去阅读，不一定适合临习。另外，这通碑子结体有强烈的欹侧之势，这与

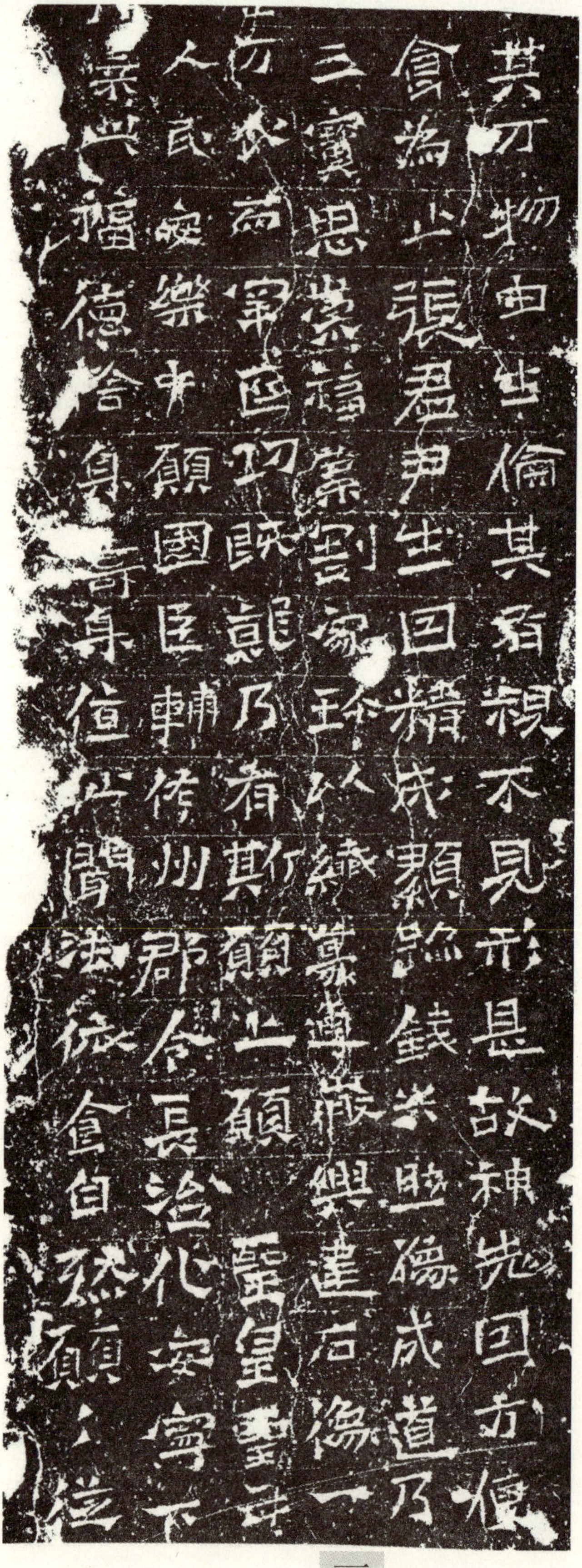

◎北魏《吴树兄弟造像碑》右侧局部

◎北魏 《吴树兄弟造像碑》右侧局部

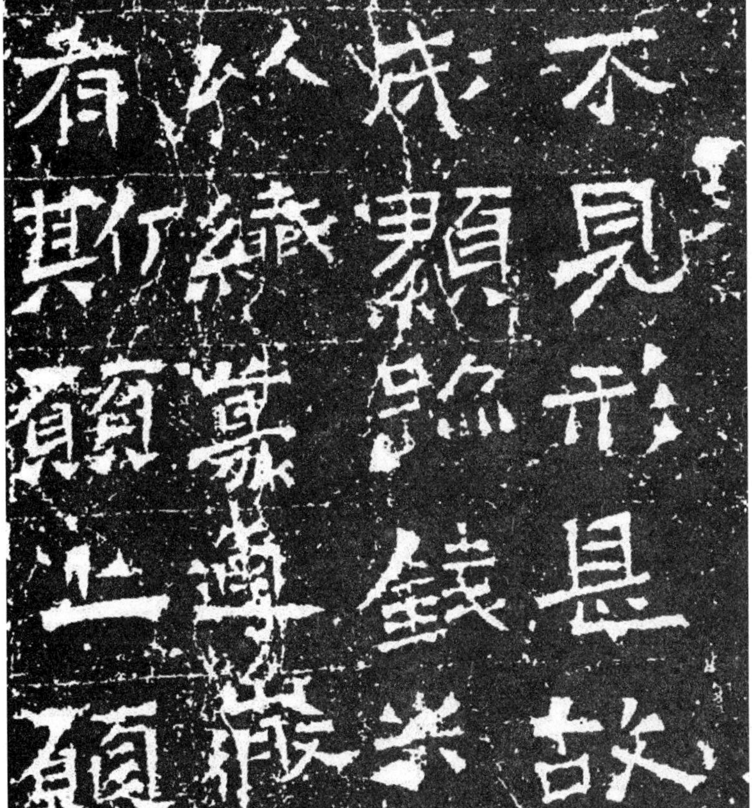

◎北魏 《吴树兄弟造像碑》右侧局部

◎北魏 《吴树兄弟造像碑》右侧局部

一般的魏碑书写不同，这种动感格外能感染人。

《毛遐造像碑》的书法，则宛如向阳的山坡上一片诱人的兰花，又像一群翩然翻飞的彩蝶，轻灵、快乐，引领着读者愉悦的心情，去捕获诸多的欣喜、诸多的教益。面对《毛遐造像碑》，一定与面对《龙门二十品》的欣赏心理不同，少了一份沉重，多了几分轻松。不由得要赞叹北朝，坚硬的石头上也能生长出温婉与灵动来。

轻快的书法风格，并不轻松的造像初衷，二者似乎不好联系起来。造像的主人毛遐身为骠骑大将军，为当朝出过力。但他看到战乱使老百姓流离失所，饥寒交迫，内心十分痛苦。他祈望能有一个有秩序的社会，众生不再饱受战乱之苦，过上安定的生活。于是，他“减割家珍，敬造石像一区”“愿使天下太平，皇治永康”。真是一个好人，有着一份好心。这对一个为官者是基本的，也是顶高的评价。

观《辅兰德造像碑》，同样会让人感到，一般的魏碑书写中强悍的特征已留存无多，一股温和的轻风扑面而来。宽绰的结体，简明的用笔，丢弃了法的桎梏，倒获得了一种天趣。书刻者并非刻意为之，后人常常能从这种风格的书写中悟出些启示。

耀县碑林的一百多通碑子，时间横跨了北朝一百多年的历史，在总体风格较为一致的前提下，书写的差异还是比较大的。这从一个侧面也反映出魏碑书法的多姿多彩的风格。正因为如此，我们说，北朝时期的书写充满了无限的生机和活力。取法魏碑，无疑是今天书法发展的正确选择。对传统

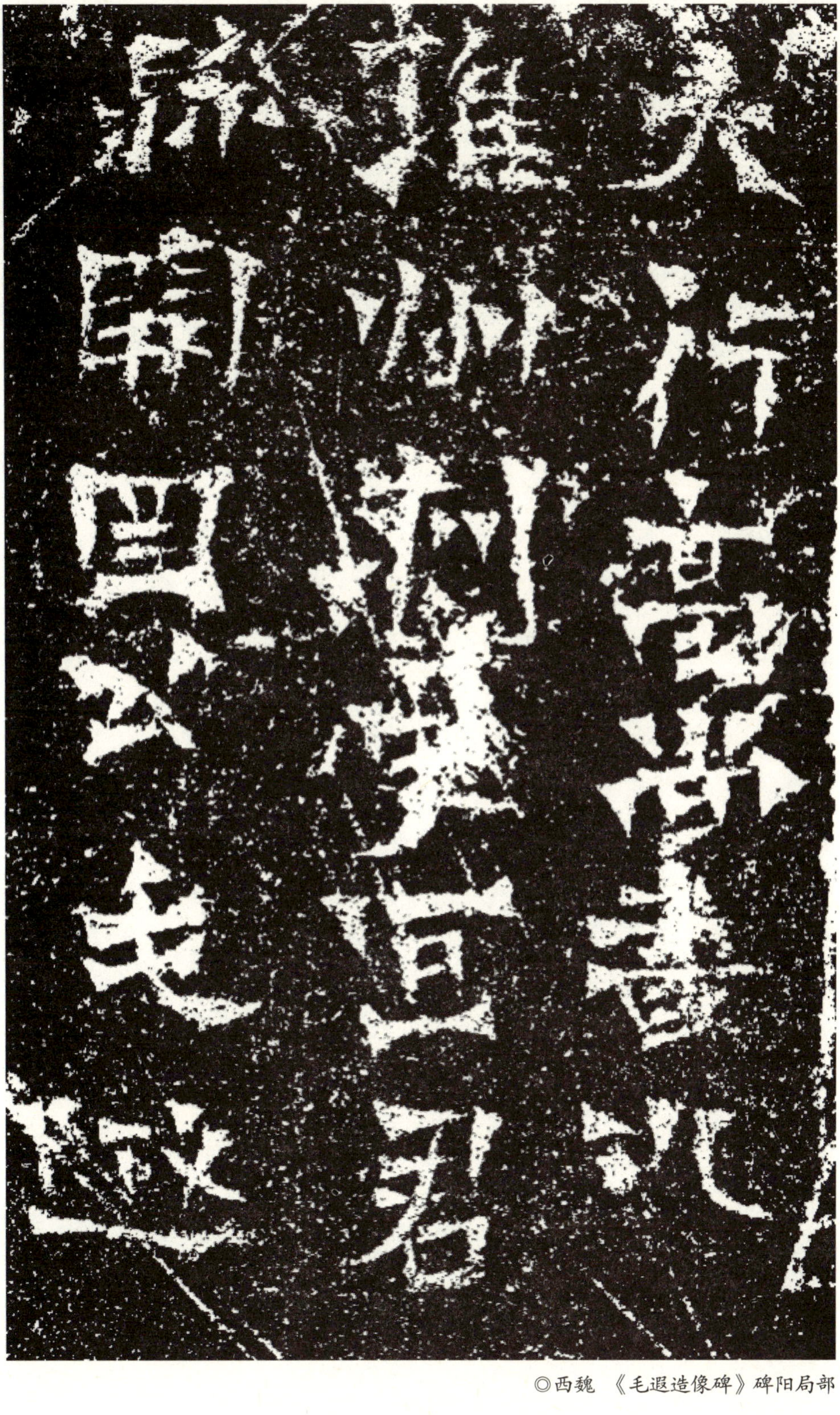

◎西魏 《毛遐造像碑》碑阳局部

◎北周 《辅兰德造像碑》碑阳局部

继承的选择性与摆脱其制约性，在考验着每一位学习者，若无识见，很容易会陷入各种风格书写的纠缠之中，“割不断，理还乱”。

另外，这座碑林整个北朝时期的书刻，也并不是尽善尽美的，这在某些具体的碑石中表现的还很明显。这就要求我们学习它们的时候，一定要有科学的态度，还是我们老人家讲的，去粗存精，去伪存真，由此及彼，由表及里，多分析，多比较。这样，我们就会得到我们想要的好东西来。

赵皇上着实是一个十足的神秘文化的热衷者

一百余通的魏碑珍藏，价值无法估量，而该碑林还有数十通隋唐及宋元明清的碑子，也十分珍贵。这些碑石中，不乏艺术上有风格有特点的上乘之作，即便在一些可视为书法上另类的杂碑中，也有佳品影响甚广，深受广大人民群众的喜爱。

《宋徽宗御书碑》亦称《宋徽宗题楮慧龙章云篆诗文碑》，此碑刻于北宋宣和元年（公元1119年）。宋徽宗赵佶是为宋代送终的一个皇帝，他天生是一个艺术情种，而对祖上留给他的皇位则淡然视之。艺术占据了他心灵的全部，朝政之事则显得多余，自成一体的"瘦金书"出笼，也就成为自然之事。陕西境内共有宋徽宗瘦金书碑四通，唯有这通碑石碑面完好，字迹清晰，而其余几通大多已风化剥蚀。

此碑的上端是龙章云篆七绝诗一首，署为“西台长时臣楮慧书”，下端是宋徽宗为这首七绝诗写的题记。说他“忽于几案间得龙章云篆诗二十八字，其语悉神仙之妙，甚非世俗可以仿佛者，墨尤未干”，“则知大道示人甚于影响固不可言传，特在天意会而已，镵诸石，以记其实云。”此段逸事真伪，难下定语，但从文中完全可以想象，宣和殿中的赵佶忽得此神赐之物的惊异之状，焚香沐手，诚惶诚恐，急忙伏案记其实。赵皇上着实是一个十足的神秘文化的热衷者。

此碑的瘦金书是宋徽宗书艺完全成熟期之作，铁勾银画，长枪大戟，劲挺好矢，潇散不羁。横竖的收笔将楷法夸张到了极致，即已成勾点之状。其撇捺如刀，勾似银镰，牵带处游丝袅空，充分展示了其瘦金书作的独特魅力。观这通瘦金书石碑，我想到了诞生此地的柳诚悬，他一反颜唐的肥厚臃肿，将书法回归到初唐，用锋写出了劲健，一提及“字贵瘦硬始通神”“细筋入骨如秋鹰”之类的话，我就觉得有东西回味。也许赵佶矫枉有些过正了，但他就是有面目有特点，让人深深记住了。宋徽宗瘦金书与其洁净雅致的工笔花鸟画精神气质一脉相承。其字题款画上，自然和谐，相得益彰。中国画就是线条的艺术，从瘦金书的线条中，我们不难找出其绘画成就的理由。

你认为是荒唐的事情，人家认为是正经的事情。江山

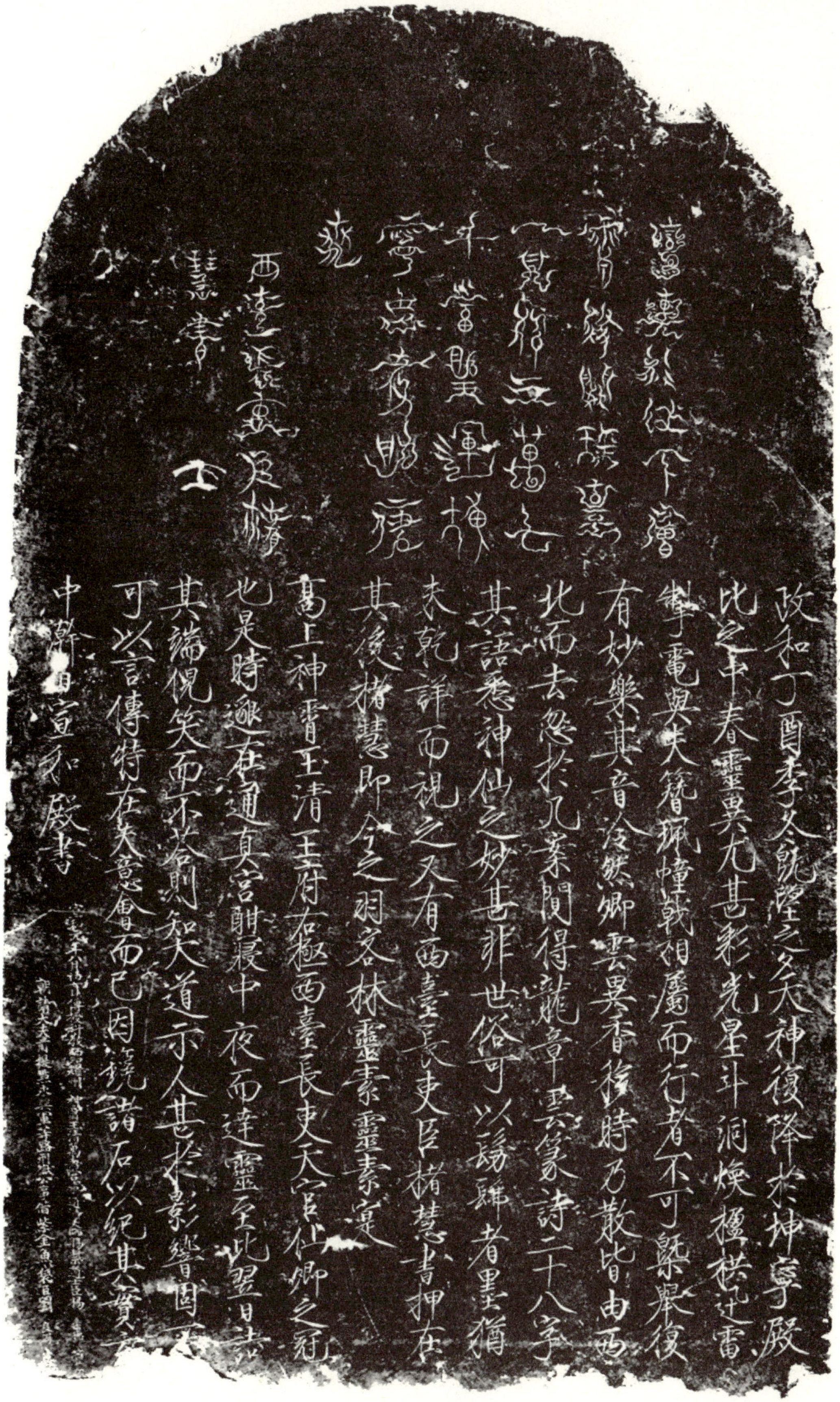

◎宋 赵佶《题褚慧龙章云篆诗文碑》

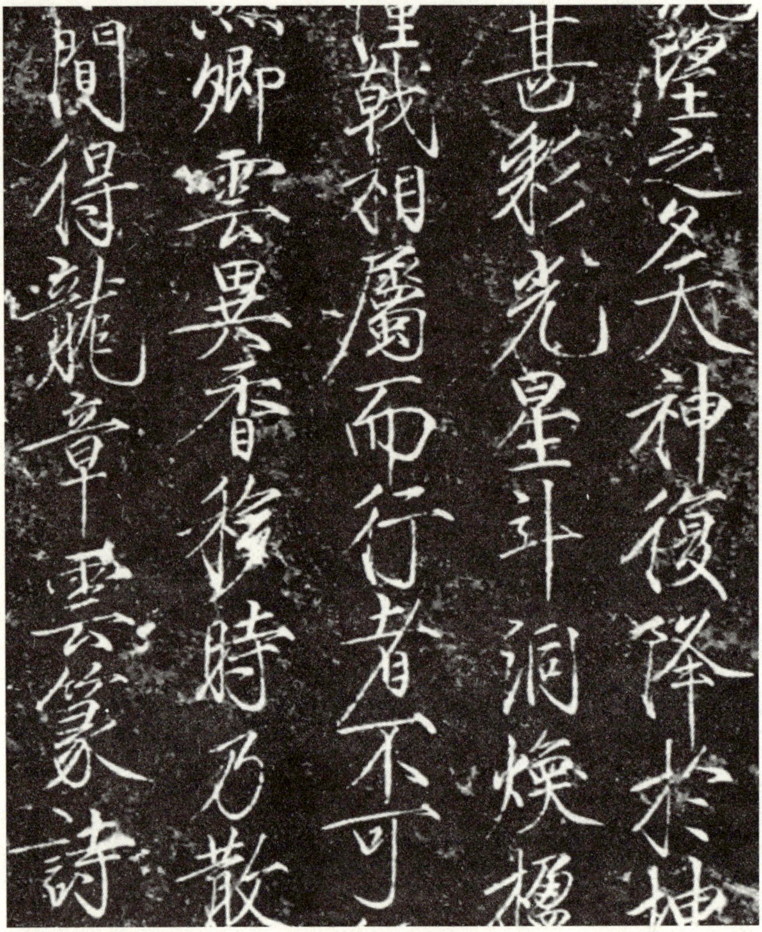

◎宋　赵佶　《题楮慧龙章云篆诗文碑》局部

是老赵家的，人家愿意干啥就干啥。就这样的内容，还正儿八经地刻碑了，勒石了。再说，能把艺术做到这份儿上的人，谁还没点癖好呢？又何况字确实是好。

民国时关中一带的大户人家多在正屋挂有此碑的拓片

《龟蛇二字碑》也是该碑林中一块独特奇异的刻石。它刻于明正统年间，由耀州知州李芳同知丘纯立。两米余的高大碑石上，镌“龟蛇”二字，每字半米见方。字的写法的确是书法上的另类，即俗语说的一笔书，且象形。字的线条尚浑圆厚重，形体也雄健美观。碑的右上角题有“谭真君书”四字，据传谭真君是一位道士。从此碑来看，他的书写是具一定的功力的。当然，从传统书法意义上去要求，它的价值不大，但并不妨碍它成为当地的一块名碑。

“龟蛇”二字之意是表北方玄武古迹之象。而道教所崇奉的青龙、白虎、朱雀、玄武四种神话动物中，唯有玄武有

◎明《龟蛇二字碑》

些特殊，是龟蛇两物的合称。两汉晚期民间传说龟蛇是一物的雌雄二体，在汉瓦当、铜镜上多刻作龟蛇合体之象。北朝的墓表上也多刻龟蛇为饰。

道教是中国自产的宗教，中国人经手的事情肯定复杂。譬如，道教崇奉的神就特别多，一般道教知识的人也很难把它弄清楚，是一个多神教。李聃本人并无渲染过宗教，却被奉为道教的教祖。道教没有基本的经典，而《道德经》是一部探索宇宙、社会、人生的哲学著作，也是一部优美的诗歌体的文学著作，却被道家视为道教的主要经典，规定为每个道士所必须习颂的功课，道家要求每个道士对《道德真经》有所了解，否则，会受到众人轻视。道教承袭了中国古代的巫术和神仙方术，糅进了儒家和佛教的某些教规教义，思想体系十分庞杂。家门口的宗教肯定基础厚实，连土地上的动物都被崇奉为神明了。而且，把这些动物和天上的星宿联系起来，中国人多么富于想象啊！

我国民间建房，常以北屋为正屋，俗称作堂屋，因而道教所祀奉的北方神玄武则大多被看作镇宅辟恶的吉祥之物。故其碑上又刻有“志心崇奉，镇宅辟恶”八个楷字。此碑的书法意义虽不甚大，但在民间却有着广泛的影响，深受人民群众的喜爱。民国时关中一带的大户人家，多在正屋挂有此碑的拓片，以视作“镇宅符”。而那时的拓片多为朱砂拓。

其实，在该碑林还存有一块清代的复制品，只是碑的形制小了一些。但字都是原大，没有螭首龟座。即就是这块清代的复制碑也不能拓了，现今的碑林新刻有一石，碑面还极不耐心地砸有几处石花，但很有卖相。不管出于何种想法，游客见到它，掏腰包的积极性蛮高的。

柳氏肯定有机会接触过家乡的北碑

耀县这块土地，曾诞生过一个大书法家，但他故乡的这座宏大碑林中，却没有存放他的任何一通碑子，尽管他存世的碑石是较多的，这个人当然是柳公权。

此地如今还有姓柳的，但不知与唐朝那个伟大的柳氏家族有没有什么联系。而我在此地生活多年，却也没有感到离柳公权有多么近。我早年是认真地写过《玄秘塔》的，但半年的光景，我便缴枪投降了。因为我觉得柳字太难进入了，不仅是因为他的字有一副强硬森严、拒人千里之外的面孔，更因为他作为唐之一代的大家其楷字内在的技术含量太高了，轻易是不得近他之身的，所以多年来对他的字也仅仅是

◎1994年冬留影

留心看看而已。还有他的草书，以及所篆的碑额，这些我想多多少少对自己会有一些影响。但生活在他家乡的这块土地上的我，仍与他的关系不太坚钢。

这话似乎说得有些不大合适，人家一座大山，咱至多不过一粒微尘而已。但柳大家的坟就鼓在二三十里外的一座土塬上，多年来都视之不见，怎么都让人觉得有些不恭，去朝圣一次，能让我有些不一样吗？

这天我真的去了。深冬时节，万物萧瑟，土塬间一片灰败的景象。想起了颜柳欧赵，这早已成为中华文化的一个符号，而颜筋柳骨之说不仅是一种赞誉，而且是一个书法的标准。“心正则笔直”也已演化成了一句名言，其影响早已超出了习书的范畴。

柳氏其书也是从“二王”入手的，初唐、中唐的大家们也对他产生了拒绝不得的影响，但他骨子里透着一种创新的精神。他学颜真卿，却一避其横细竖粗的习气，将横竖写得大体均匀。而对颜体勾捺的写法，却基本化用之；他习欧阳询，主要吸取了欧楷结体紧密的特点，而对其具体的点画，视情况具体变化之。如同是方笔起，欧书顺笔成方，柳则逆笔成方，将折势十分夸张地表现出来，同时也有别于颜字的逆笔成圆。初唐的欧氏虽南人，但其书是有人把他划入过北派的，这不无道理。柳氏中方笔字的斩钉截铁棱角分明的长

◎2009年夏留影

处和瘦劲的骨力，似都得益于他，但我不敢断言柳氏直接借鉴过北碑。他毕竟生活在汉文化为主流的王朝。

柳氏肯定有机会接触过他家乡的北碑。这么多的北朝刻石集中于此，他作为此地人氏，生于斯，长于斯，并参加工作在离此地不远的唐都长安，他难道与这些魏碑没有发生过一点儿联系？尽管，太宗李世民早已发话了：以后写字就学大王小王吧。也许，柳氏会在某一年某一日回乡省亲，看见村口道旁立着碑子，他老人家还会驻足观赏，随口说出这些字不错的话呢。

路倒真的不远，但并不好走，全因了那两座大沟沟底结了冰的小溪。而到了一个村子，我们从一位老者的答话中得知，当地乡民称柳公权墓为大坟。着实为坟，而且是两座坟，另一座葬埋着他的兄长柳公绰。这两座并不高大的黄土包就伏在一片正艰难越冬的麦苗地里，如若不是清代毕沅所题的墓碑立在旁边，路人怎么也分辨不出这座小土包与别的坟头有什么两样，况且土堆也大不了多少。但这并不厚的一层黄土，的确就隐去了大唐一朝那颗明亮的星辰，这并不深的沟壑着实也沉寂了一个孤高的灵魂。其实，这两座坟历史上曾多次被盗掘，近年也数度被炸，想到此，心中有些黯然神伤的意味。

新修的三间守墓人的房屋内空空荡荡，大门紧锁。墓碑还算气派，毕沅的隶书渊源有自：唐太子太师河东郡王柳公权墓，共十三个大字。

以上的文字是十五年前一次行程的映像记录。不久前，

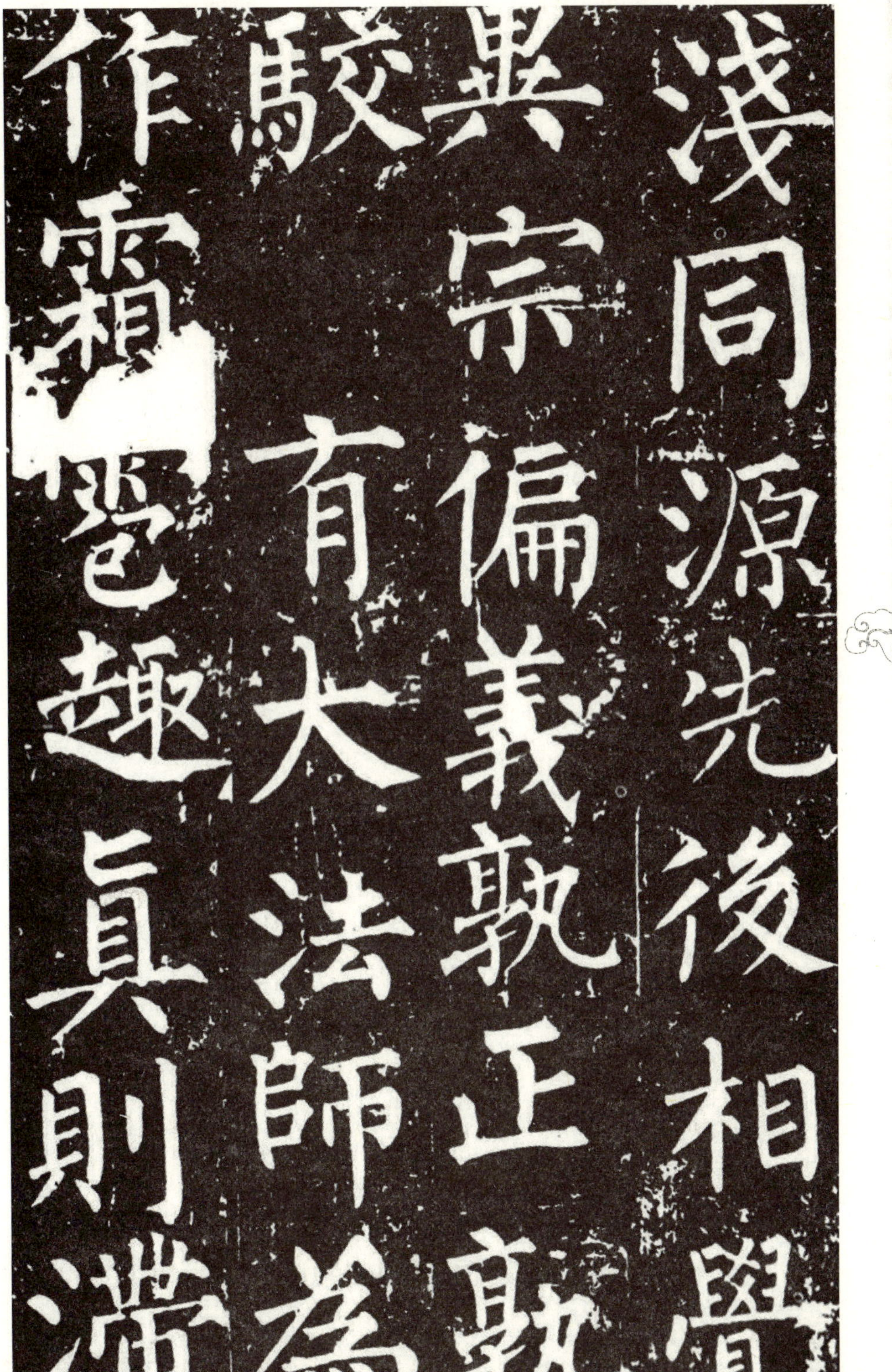

◎唐　柳公权　《玄秘塔碑》局部

我陪同友人又一次去拜谒了。乌黑平展的乡间公路一直友好地把我们运送到柳公的墓前。新修的围墙，新砌的碑亭，新雕的祭坛，两座新圈起的高高大大的墓冢，守墓的老人平实而富有善意。

那是一个夏日，雨后初晴的山间，凉爽而惬意，我和友人收获了一份欣慰。

越过了那座古老的龙桥，举步便可到达

此地的另一位书法大家，倒是和这批碑子有过密切的接触，并给予了它们极大的玲爱和极高的赞誉。这位书家便是于右任先生。

于先生的家乡三原县与耀县相依相邻，一个在渭北高原的门槛里，一个在门槛外，一条小河在门前自西向东蜿蜒流过。而越过那座古老的龙桥，举步便可到达耀县。

于右任先生出生于清末，此时的书坛早已是金石考据之学立定，碑版摹拓流行，文人学士以浓烈的兴趣取资金石，碑学书法兴盛之时。于先生关注这批碑石，宝爱这批碑石，是很自然的事情。我想当初于先生发现了家乡的土地上遗存有这么丰富的北朝刻石，一定是喜出望外的。而且，他绝不止一次去寻访研读。我很想知道，于先生关于这批碑子讲了些什么？我还想知道，关于这批碑子他做了些什么？

我从于先生的诗作中倒是读出了一些答案。于先生有两首五言诗，是关乎耀县碑林的。一首写于民国九年（公元1920年），诗曰：“北去将何去，南还不忍还。迎春王翦庙，卧病药王山。柏老添香叶，碑残长鲜斑。南军从葬处，新月似弓弯。”另一首写于民国十一年（公元1922年），曰：“曳杖寻碑去，城南日往还。水沉千福寺，云掩五台山。洗涤摹崖上，徘徊造像间。愁来且乘兴，得失两开颜。”五台山就是药王山。这两首诗的成诗时间正值家国多事之秋，时于先生肩负重任，也是戎马倥偬之隙，抑或养病

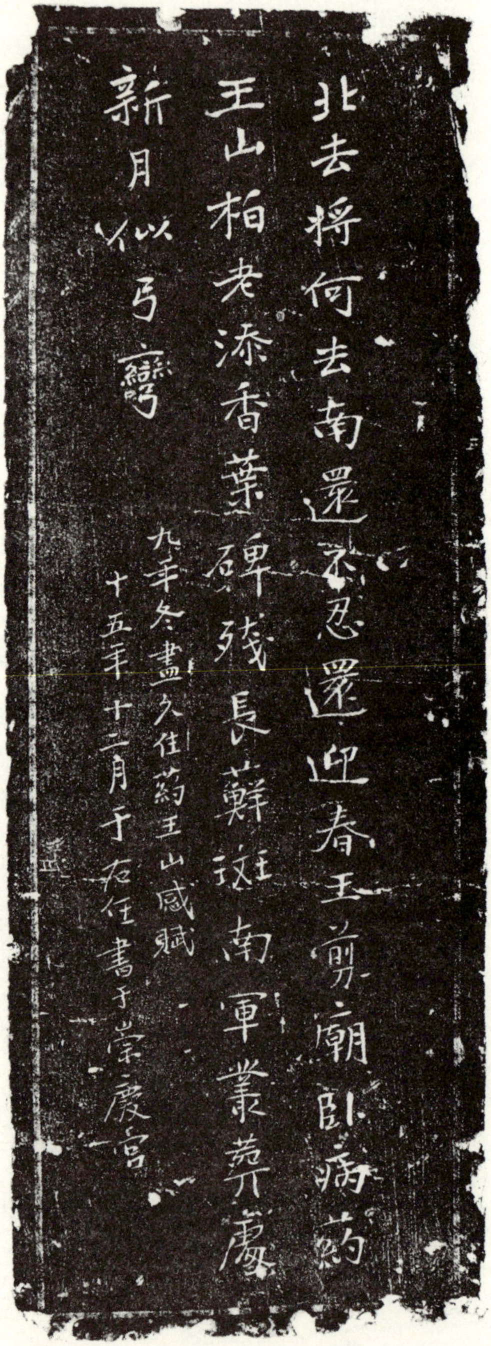

◎于右任诗刻石

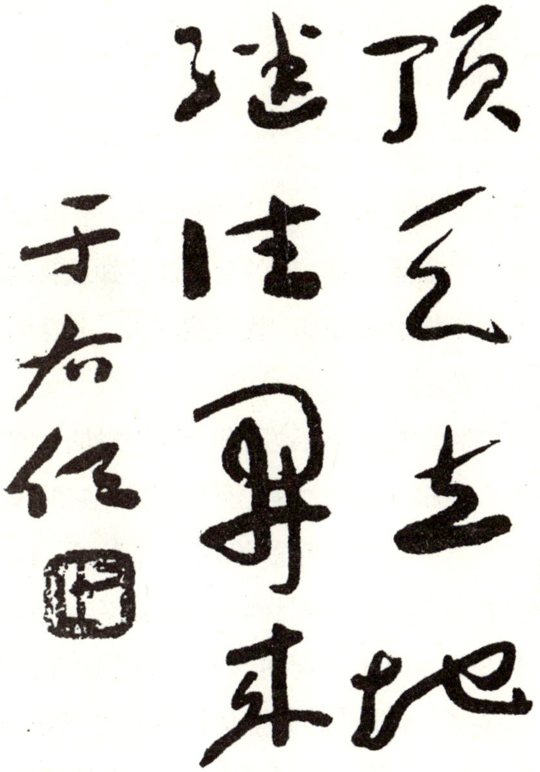

◎于右任草书

的当儿，来此访碑探究，又以诗记之，对耀县碑林的情感可见一斑。

其中，《民国九年冬尽久住耀王山感赋》这首诗，在耀县城里有刻石，石镶嵌在一户人家的墙壁之上。字有麻钱大小，标准的魏楷，稍有隶意。而且，这幅书作的款识上还记有“十五年（公元1926年）十二月于右任书于崇庆宫”的字样。崇庆宫就在药王山的南庵，这就意味着老先生民国十五年还来过一回此地。耀县一带在民国初年跟着于先生做事的人是很多的，拿到于先生的墨宝摩勒上石，是文化积淀深厚的地方的人做的事情。

碑石不大，但字好诗好，民国原刻，多年前我见到了它，自然也心生宝爱之情。我的兄弟江波知道我的心思，想办法拓了一摞专程送来西安，我当然高兴。分送同道好友，大家自然也高兴。

细论于先生的书法，大致可分为四个时期。四十一、二岁前，师法、钟繇、王羲之等，及后便是正宗的魏碑，再后是魏隶兼融、大气磅礴、精彩绝伦的行草书，以至标准草书。从他的书法遗存看，耀县碑林平画宽结的魏碑风格对他的影响似只在行草书上，而对其楷书的影响并不是根本性的，他在魏楷结字上取法的完全是斜画紧结一路。有一诗可以佐证："朝临石门铭，暮写二十品。辛苦集为联，夜夜泪湿枕。"

结字很大程度上也决定着用笔。因此，于先生的魏楷呈现出的面目与耀县碑林的北朝刻石的风格有很大的不同。但是，这并不影响于先生作为书法大家对这批北碑的喜爱和肯定。正像通往目的地的道路有两条，两条路你都熟悉，走其中任何一条，心中都是有底的，你也都会走得很好。再说，魏隶行草代表着于氏书法艺术的最高水平，这种书体能得益于耀县碑林的一些滋养，已经是足够了。

他汉魏济书的经验应该对我们有足够的启发

中国历史发展到南北朝时期，政治混乱，朝代更替迅速，然而，书法艺术却得以持续发展。清阮元的《南北书派论》将帖归于南派，碑归于北派，虽有失牵强和绝对，但也不无道理，它从一个角度反映了这种问题的倾向。南派书风继承“二王”，因其沿袭晋制禁碑，尺牍行草风行。而北朝佛道盛行，使得碑石大兴，又以少数民族内迁为因，书体也随之发生变化。以魏碑为代表的北碑，以其独特的风貌，在中国书法史上占有突出的地位，尤其是清中期以来，对书法艺术的发展产生了重要影响。

也许是迫于雍正乾隆“文字狱”的无奈，也许是对黑大

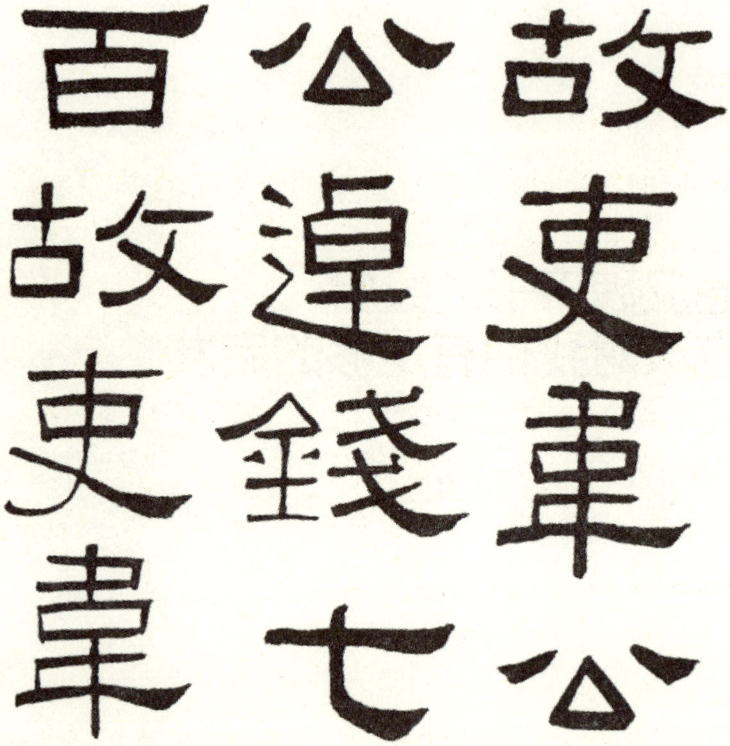

◎林散之 临《张迁碑》

圆光、千人一面“馆阁体”的反对，大批的文人学士致力金石考据之学，书写也取资于此。加之阮元、包世臣、康有为三位学者的极力鼓吹，六朝及六朝以前的碑版，在清人眼前放射出了古朴而又璀璨的光辉。这无疑又让他们看到了一种希望，那就是对长期以来以“二王”体系为主流的变化抑或超越。他们从碑版中求取质朴和稚拙，将金石的气息渗透笔底，努力为中国书法转换气质。事实证明，他们是成功的，清代的书法中兴为书法艺术的全面发展做出了贡献。

这实在是中国书法的幸事。有了清人的底子，民国的书法顺风顺水，碑帖养出了一个于右任，这个时代就够本了。

这个时期，沈尹默、白蕉站出来呼喊一下“二王”也是正常的，对书法的均衡发展也没有什么坏处。有碑有帖，中国书法的营养就不单一了。“泾渭如今不分明，莫问宋元问前清。天下源流均一水，碑帖当融自会融。”这是中国书法发展的必然。

但到了20个世纪中期以来，书法艺术碑帖相融之路走得似乎不是太顺，其实，这个时期有一位老人，沿着这条路走到了一个相当的高度，他汉魏济书的经验应该对我们有足够的启发。他就是林散之老人。

林老以其苍茫淋漓、云烟气四溢的狂草冠绝今世，就得益于数十年呆子一样，神不知鬼不觉地临习汉魏，以汉魏济草。他

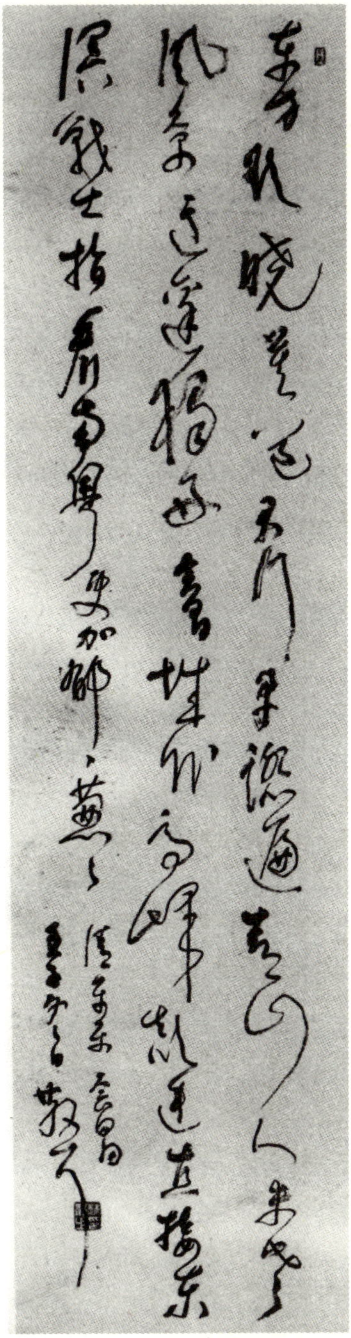

◎林散之草书

用汉隶不滞不滑，笔笔力到的行笔，来克服草书因行笔迅疾而容易出现的轻薄浮滑，变“中怯”为“中实”；他用汉魏断而后起的用笔，来加强点画的转换；他用汉隶的有藏有收，避免线条的抛筋露骨，尖刻浮薄。而他又用斑驳陆离的金石气象和苍茫浑朴的美感来有机地融入草书，故能开生面，辟新境，把草书艺术推向了一个新的高度。

“碑帖相融不在形，精神到处有情性。流水不计山石路，日夜奔忙西向东。”我们站在深厚的传统文化的基础之上，我们站在前人宽厚的肩膀之上，我们应该感到幸福，我们也应该感到不自足。

当代人是否能以历史的眼光正确把握中国书法的走向

药王山又名五台山。“有山曰五台，山峰回环相望者有五，因以名焉。”晚清以降，药王山的民众称谓，渐已取代五台山之名，盖是因为此地乃我国隋唐时期伟大医药学家孙思邈归隐故地与祀祠场所。从北朝开始，这里又是佛教丛林净土、道教宫观洞府，是一座名副其实的文化名山。

药王是我国古代传说中的医药祖师，也是佛家、道家对医药济人的祖师尊祀的称谓。民间尊崇孙思邈为药王，充分反映了一种“有功于民，民必祀之”的心情。“岩下宫墙下戏场，山南山北柏子香。千金方使万人活，萧鼓年年拜药王。”历朝历代，都有文人学士书写大量的诗词歌赋来赞颂

◎药王山北周造像

孙思邈的医德医术。同时，围绕着这座山、这位“真人”，也有许多亦真亦幻的美好传说，更为这座秀丽的山平添了几分神秘，几分圣洁。

如今耀县碑林就坐落在这座松柏四季常青、年年草绿花红的山上。集谋宫遗址上的这座建筑着实有些局促了，使得碑子与碑子之间有的只能侧身而过，这显然不利于人们参观，更不利于保护。当然，即就是不把碑林放置在这座名山之上，它们也都是能够各自独立成章的。满心的希望耀县碑林能有一个更宽敞的居所，能有一些更为科学的保护措施，以利它文化的光辉照耀人心，蕴涵的福荫泽被后世。

中国书法发展到了今天，又似乎被许多问题缠绕着。譬如国人传统文化的学养不足，商品大潮冲击下对人造成的心灵危机和精神颓唐，以及审美标准的混乱乃至颠倒，等等。这些挑战中无疑孕育着生机，中国书法这门古老的艺术是一定要发展的，而且在信息化的今天，现代人具备了我们的前人无法比拟的优越条件。譬如我们面对着相对健全的书法体系，所有的书法现象、书法思潮、重点书家的书法实践都可以作为我们的参照，一切经典作品都可以轻易而举地拿到为我们所用。这个时代还让我们获得了相对自由的思想空间，可以摈弃观念的羁绊，自由地表达，自由地书写。打开了尘封的窗口，我们看得更远了，看到的更多了。中国书法对这个时代的重大命题应该是，当代人是否能以历史的眼光正确把握中国书法的走向，找到与这个时代本质相一致的书写来，一如晋韵唐法，宋意清质。

对于我所倾心的耀县碑林，我当然也有一个美好的祝愿，那就是期望更多的人们去认识它，友好地亲近它，让它在中国书法的建设中发挥出它应有的作用来。

还是让我用自己的一首论书的小诗，来为这个短暂但愿是很美妙的艺术之旅作结语："汉魏晋唐事已陈，万千风物入年轮。请看沧桑斑驳处，嫩芽新亮照乾坤。"

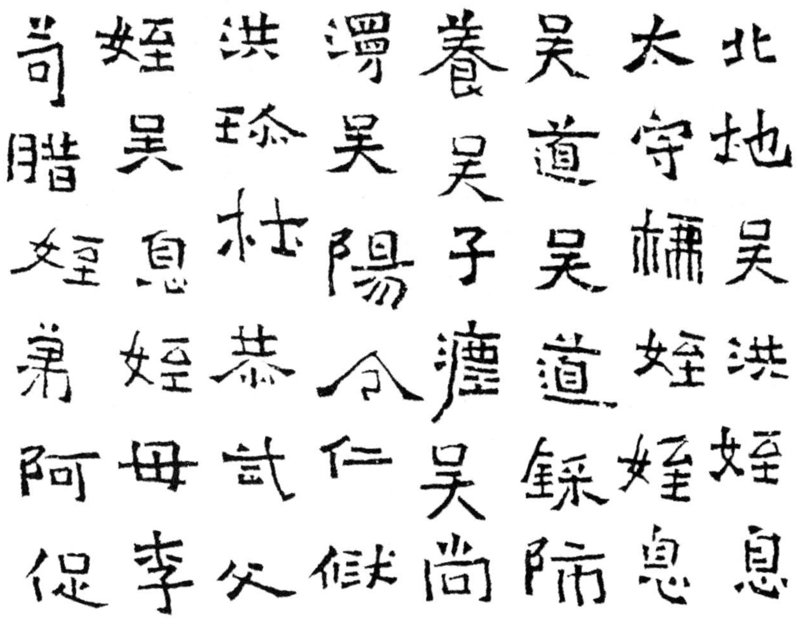

◎作者日课

写在后面的话

生命完全缘于偶然，一如在这大千世界的诸种物质里有幸生成为人，真是莫大的幸运。不仅如此，自幼吃着农人种的粮食，住着工人造的房屋，接受着师长们给予的教养，迄今仍在接纳着人世间无限的情意与爱，还有这阳光，这雨露，这清风——对这一切，我的心里整日充满了感恩之情，却又觉得无以回报。

正如我得益于一个机缘，认识了耀县碑林。在这座文化宝库的旁侧，寻着它的脉络，我读写，我追溯，我联想。它给了我知识滋养，给了我思想昭示，给了我人生的启迪。于是，有一天我想为它写下点儿文字。可当我拿起笔的时候，我发现对它的了解还很少。我索性把述说它当成一个对它再认识、再学习的过程。即便这样，这些文字仍然是粗疏的、粗浅的，甚至还会有硬伤。尤其是谈佛论道，以我的文化积累，感到甚为吃力。我需要学习。

因此，这些文字只可以说是一种心情。我没有能力去做得更多。谨此也得到了许多的帮助，朋友慷慨提供了数通新出土的造像碑的资料，让我在这里作第一次披露。在写作过程中，我还参阅了许多同道师友的著作资料。还有许多朋友为这本书的写作和出版建言献策，劳心费力，在此一并表示谢意！

耀县碑林的存藏量大，文中所选取的近三十通碑子都是有代表性的，应该能够反映出该碑林的大体风貌。愿这些文字能对大家认识这座碑林，认识这座碑林的书法艺术有所帮助。

作　者